Olivenöl –
das Gesundheitsgeheimnis des Südens

Marion Zerbst

Olivenöl – das Gesundheitsgeheimnis des Südens

Unter Mitarbeit von Dr. troph. Ursel Wahrburg
und Dipl. oec. throph. Gerlinde Brennenstuhl

TRIAS

Die Deutsche Bibliothek – CIP-Einheitsaufnahme
Zerbst, Marion.:
Olivenöl – das Gesundheitsgeheimnis des Südens / Marion Zerbst. Unter Mitarb. von Ursel Wahrburg. – Stuttgart : TRIAS, 1998
(TRIAS natürlich gesund)

Konzeption und Projektleitung: Werner Waldmann
Redaktion: Dr. Katrin Beyer
Korrektur: Andrew Leslie
Illustrationen: Dr. Katrin Beyer, Katharina Schumacher
DTP-Supervisor: Bernd Hirschmeier
Produktion: WZ Media, Stuttgart
Umschlaggestaltung: Cyclus · D+P Loenicker, Stuttgart
Druck: Westermann Druck, Zwickau
Fotos: Cover vorne und hinten: Nicola Lazi; Andrija Carli (7), Deutsche Lebensmittelwerke GmbH (1), Image Bank (2), Informationsgemeinschaft Olivenöl (7), Peter Kölln (1), Mazola (1), Silvestris (6), WZ Media (17)

Steiermärker Straße 3–5
D-70469 Stuttgart

ISBN 3-89373-463-5

Leserservice

Wenn Sie Fragen oder Anregungen zu diesem Buch haben, schreiben Sie uns!

TRIAS Verlag
Postfach 30 11 07, D-70451 Stuttgart

Inhalt

Lebenselixier Olivenöl

Schon die alten Griechen bauten Olivenbäume an und gewannen daraus das köstliche Öl. Sie schätzten nicht nur sein erlesenes Aroma, sondern waren auch von der heilenden Wirkung des Olivenöls so überzeugt, daß sie ihren Kämpfern vor den Olympischen Spielen eine spezielle Olivenöl-Diät verordneten und sie sogar mit dem Öl einrieben. Im alten Rom war das Olivenöl ebenso Grundbestandteil der täglichen Ernährung; und die Araber und Ägypter behandelten damit sogar Wunden und Hauterkrankungen.

Doch erst seit ein paar Jahrzehnten ist die positive Wirkung des Olivenöls auf unsere Gesundheit tatsächlich wissenschaftlich erforscht und bewiesen. Es begann mit der „Sieben-Länder-Studie" des amerikanischen Mediziners Ancel Keys, der den Zusammenhang zwischen Ernährungsgewohnheiten und Herzerkrankungen in sieben Ländern erforschte. Dabei machte er eine ver-

Nicht nur ein Hochgenuß, sondern gleichzeitig auch ein Jungbrunnen und eine Wohltat für das Herz: das Öl aus den Früchten des Olivenbaums.

blüffende Entdeckung: In den Mittelmeerländern starben sehr viel weniger Menschen an Herzinfarkt als beispielsweise in Finnland, den Niederlanden oder den USA. All diese Länder hatten eines gemeinsam: Dort wurde besonders viel Olivenöl verzehrt. Auf der Insel Kreta, wo der Olivenölkonsum extrem hoch war, kamen Herz-Kreislauf-Erkrankungen besonders selten vor, und die Menschen erreichten ein viel höheres Lebensalter als in allen anderen europäischen Ländern.

Nach und nach bewiesen weitere medizinische Studien, daß die niedrige Herzinfarktrate in den Mittelmeerländern tatsächlich zu einem großen Teil auf die olivenölreiche Ernährung zurückzuführen war. Olivenöl senkt Cholesterinspiegel und Blutdruck und schützt uns vor der zerstörerischen Wirkung der freien Radikale. Aber auch andere Bestandteile der Mittelmeerkost reduzieren das Herzinfarktrisiko: zum Beispiel der hohe Anteil an Obst, Gemüse und Fisch und die – verglichen mit unserer Ernährung – relativ geringen Fleischmengen, die die Menschen in den mediterranen Ländern zu sich nehmen. Deshalb wird die Mittelmeerkost – auch als Kreta-Diät bezeichnet – mittlerweile zu Recht als ideale Vorbeugung gegen Herzinfarkt und Schlaganfall propagiert.

Und nicht nur das: Auch für Verdauung, Gehirn und Nervensystem ist Olivenöl ein wahres Lebenselixier; es stärkt unser Immunsystem und kann – in Kombination mit den anderen Elementen der Mittelmeerkost – sogar das Krebsrisiko senken. In diesem Buch erfahren Sie alles über die gesundheitsfördernde Wirkung dieses Wunder-Öls und lernen, wie Sie Ihre Ernährung nach den Regeln der Kreta-Diät umstellen können. Zahlreiche köstliche und gesunde Rezepte helfen Ihnen dabei und machen den Einstieg in diese genußreiche Ernährungsweise zum Vergnügen. Das Buch verrät Ihnen natürlich auch, was Sie über Einkauf, Qualität, verschiedene Olivenölsorten und den richtigen Umgang mit diesem Öl in der Küche wissen müssen. Viele wirkungsvolle alte Hausmittel und Schönheits-Rezepte mit Olivenöl runden das Buch ab.

Olivenöl schützt vor Herzinfarkt und Schlaganfall, stärkt das Immunsystem, sorgt für eine gute Verdauung und ist eine Super-Nahrung für Gehirn und Nervensystem.

Warum Olivenöl so gesund ist

Eine Köstlichkeit, bei der Gourmets verzückt die Augen verdrehen, und dabei gleichzeitig auch noch gesünder als so manche Medizin: Es schützt nicht nur vor Herzinfarkt und Schlaganfall und läßt uns alt werden wie Methusalem, sondern hilft auch gegen Verdauungsprobleme und beugt sogar der Entstehung bestimmter Krebsarten vor.

In den fünfziger Jahren machte ein amerikanischer Wissenschaftler namens Ancel Keys eine interessante Entdeckung. Ihm war aufgefallen, daß die Menschen in der Gegend um Neapel ein besonders niedriges Herzinfarktrisiko hatten. Um dem Zusammenhang zwischen Herzerkrankungen und Ernährung auf die Spur zu kommen, führte er eine großangelegte, 15 Jahre dauernde medizinische Studie durch: die „Sieben-Länder-Studie". Diese Untersuchung lieferte einige bahnbrechende neue Erkenntnisse, die Mediziner und Ernährungswissenschaftler zum Umdenken zwangen.

Dem Geheimnis eines langen Lebens auf der Spur

Teilnehmer der Studie waren rund 13 000 gesunde Männer im Alter von 40 bis 59 Jahren aus sieben Ländern: USA, den Niederlanden, Finnland, Japan, dem früheren Jugoslawien, Griechenland und Italien. Diese Männer wurden im Laufe der 15 Jahre immer wieder über ihre Ernährungsgewohnheiten befragt. Zu Beginn der Studie, nach fünf und dann noch einmal nach zehn Jahren untersuchte man außerdem ihren Cholesterinspiegel. Bei denjenigen, die innerhalb des 15-Jahres-Zeitraums starben, wurden die Todesursachen genau erfaßt.

Im Laufe dieser Studie wurde klar, wie sehr sich die Ernährungsweise der Menschen in den einzelnen Ländern voneinander unterschied. In den nordeuropäischen Ländern und den USA wurden viel mehr tierische Fette (Fleisch, Eier und Milchprodukte) verzehrt. In den Mittelmeerländern war der Verzehr an fleischlicher Nahrung und Milchprodukten wesentlich niedriger; dafür spielte Olivenöl in der Ernährung eine wichtige Rolle.

In Nord- und Mitteleuropa und den USA ist die Nahrung viel reicher an tierischen Fetten als in den Mittelmeerländern.

Auch im Hinblick auf die Sterblichkeitsrate und die Todesursachen gab es große Unterschiede zwischen den einzelnen Ländern: In den Mittelmeerländern, in denen Olivenöl 15 bis 30 % der durch die Nahrung aufgenommenen Gesamtenergie ausmacht, war die Herzinfarkt-Sterblichkeitsrate zwei- bis dreimal niedriger als in Nordeuropa und den Vereinigten Staaten.

Unter diesen Mittelmeerländern, deren Bevölkerung ganz offensichtlich „gesünder" lebte, stach wiederum die Insel Kreta besonders hervor. Dort war nicht nur die Gesamtsterblichkeitsrate, sondern auch der Prozentsatz der Herzinfarkt-Tode noch viel niedriger als in den anderen südeuropäischen Ländern, die Keys in seiner Studie untersucht hatte. Innerhalb von zehn Jahren starben dort, verglichen mit anderen Mittelmeerländern, 95 % weniger Menschen an einem Herzinfarkt – und das, ob-

Die untenstehende Tabelle zeigt, wie viele Testpersonen der Sieben-Länder-Studie nach 15 Jahren verstorben waren: in der Spalte links die Gesamtsterblichkeit, dann aufgeschlüsselt nach verschiedenen Todesursachen. Die Zahlen beziehen sich jeweils auf eine Gesamtanzahl von 10 000 zu Beginn der Studie gesunden Männern.

Sterblichkeitsrate in der Sieben-Länder-Studie

Land	Gesamt-sterblichkeit	Koronare Herzkrankheiten	Krebs
USA	1575	773	384
Ostfinnland	2270	1202	545
Westfinnland	2067	741	680
Zutphen (Niederlande)	1825	636	781
Crevalcore (Italien)	2046	424	840
Montegiorgio (Italien)	1990	447	508
Rom (Italien)	1585	515	519
Dalmatien (früheres Jugoslawien)	1561	216	331
Slawonien (früheres Jugoslawien)	2365	389	385
Velika Krsna (früheres Jugoslawien)	1406	67	406
Zrenjanin (früheres Jugoslawien)	1515	297	453
Kreta (Griechenland)	855	38	317
Korfu (Griechenland)	1317	202	338
Tanushimaru (Japan)	1519	144	518
Ushibuka (Japan)	2013	127	728

Die Bevölkerung Kretas hat – verglichen mit anderen europäischen Regionen und den USA – die höchste Lebenserwartung.

wohl die Kreter keineswegs einen niedrigeren Cholesterinspiegel hatten und sich auch alles andere als fettarm ernährten! Denn gerade auf der Insel Kreta wurde besonders viel Olivenöl konsumiert – aber dafür sehr wenig Fleisch, noch weniger als in den anderen mediterranen Regionen.

Wie kommt es zum Herzinfarkt?

Er schenkt nicht nur den Menschen, die seine Früchte genießen, ein langes Leben, sondern ist auch selbst fast schon unsterblich: Bis zu 2000 Jahre kann ein Olivenbaum alt werden.

Um uns darüber klarzuwerden, warum im Hinblick auf Herz-Kreislauf-Erkrankungen ein so erstaunlich großes Gefälle zwischen den Mittelmeerländern und den übrigen europäischen Ländern (und den USA) besteht, müssen wir zunächst einmal die Faktoren beleuchten, die das Herzinfarkt- und Schlaganfallrisiko erhöhen. Der Herzinfarkt ist die häufigste Todesursache in den westli-

chen Industrienationen. Allein in Deutschland sterben jedes Jahr rund 100 000 Menschen daran; und dreimal so viele erleiden einen Infarkt, der zwar nicht tödlich endet, Gesundheit, Leistungsfähigkeit und Lebensqualität jedoch stark einschränkt.

In den Mittelmeerländern sterben viel weniger Menschen an Herz-Kreislauf-Erkrankungen als bei uns.

Ursache von Herzinfarkt und Schlaganfall ist in der Regel die Arteriosklerose (in der Umgangssprache oft als „Arterienverkalkung" bezeichnet): eine langsam voranschreitende Erkrankung unserer Blutgefäße, die leider oft erst zu spät erkannt wird, denn nicht immer macht sie sich durch warnende Symptome bemerkbar.

Diese gefährliche Gefäßerkrankung entsteht dadurch, daß sich an den Innenwänden der Arterien Kalk, Fette und Bindegewebe ablagern. Dadurch verengen sich die Gefäße nach und nach immer mehr und werden weniger elastisch. Sind von dieser Arteriosklerose die Blutgefäße betroffen, die Herz oder Gehirn mit Blut versorgen, wird es gefährlich: Denn dann können diese lebenswichtigen Organe nicht mehr richtig durchblutet und somit auch nicht mehr ausreichend mit Sauerstoff versorgt werden.

Wenn solche Durchblutungsstörungen im Bereich des Herzens vorliegen, bezeichnet der Arzt sie als „koronare Herzkrankheit". Manchmal äußern sich diese durch Angina pectoris: Schmerzen und Engegefühl in der Brust, häufig verbunden mit Schweißausbrüchen, Schwindelgefühl oder Atemnot, vor allem bei körperlicher Anstrengung – denn dann wird das Herz stärker beansprucht, und die Sauerstoffversorgung reicht für diese erhöhte Belastung nicht mehr aus. Im fortgeschrittenen Stadium können solche beängstigenden Anfälle sogar schon im Ruhezustand auftreten. Angina pectoris ist ein Vorbote des Herzinfarkts und gehört daher unbedingt in ärztliche Behandlung.

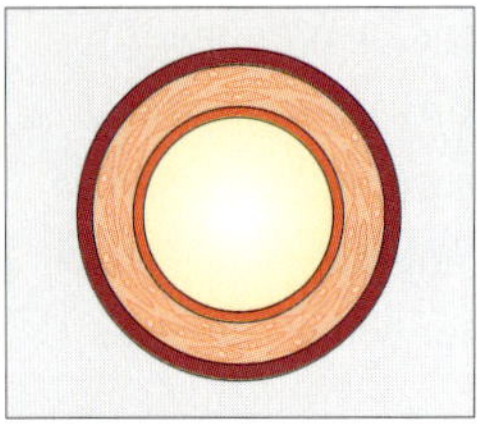

Normal durchgängige Arterie ohne Ablagerungen.

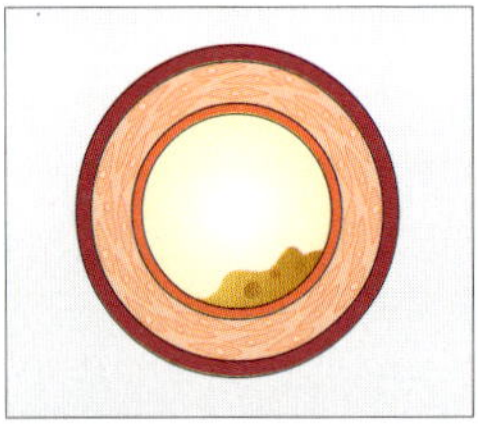

Diese Arterie ist bereits leicht durch arteriosklerotische Ablagerungen verengt.

Bei einer stärker arteriosklerotisch verengten Arterie ...

Ist eines der hirnversorgenden Gefäße von Arteriosklerose betroffen, so kommt es durch die Durchblutungsstörungen manchmal zu vorübergehenden Ausfallerscheinungen: Man hat plötzlich Seh-, Sprech- oder Gefühlsstörungen, oder es treten Schwächegefühle oder Lähmungserscheinungen im Arm oder Bein einer Körperseite auf. Meist verschwinden diese Erscheinungen, die häufig mit Schwindelgefühl gepaart sind, schon nach ein paar Minuten wieder. Trotzdem sind sie ein Alarmsignal, denn genau wie Angina pectoris ein Vorbote des Herzinfarkts ist, so zeigen diese Ausfallerscheinungen (der Mediziner spricht von „transitorischen ischämischen Attacken") ein erhöhtes Schlaganfallrisiko an. Ungefähr ein Drittel aller Patienten, die eine oder mehrere solcher Attacken erleiden, bekommt im Laufe der nächsten Jahre einen Schlaganfall.

Doch leider kündigen sich Herzinfarkt und Schlaganfall nicht immer durch solche Alarmsignale an. Oft verläuft die langsam voranschreitende Arteriosklerose völlig symptomlos, bis dann ganz plötzlich – praktisch wie aus heiterem Himmel – ein Herzinfarkt oder Schlaganfall eintritt.

Die Ablagerungen an den Innenwänden der Arterien bilden nämlich herdförmige Verdickungen, sogenannte „Plaques". Und diese Plaques haben die unangenehme Eigenschaft, sehr leicht einzureißen. Wenn das passiert, wird es gefährlich, denn an diese verletzten Plaques lagern sich nun immer mehr Blutplättchen an, um die im Arterieninneren entstandene „Verletzung" abzudichten. Dadurch machen sie alles nur noch schlimmer: Denn das Blutgerinnsel, das dadurch entsteht, verstopft die ohnehin schon stark verengte Arterie nun völlig. Der betroffene Teil des Herzens (oder Gehirns) wird von der Blutversorgung abgeschnitten und stirbt ab. Es gibt verschiedene Faktoren, die das Entstehen eines Herzinfarkts oder Schlaganfalls begünstigen: beispielsweise

- genetische Veranlagung (Menschen mit einem gehäuften Auftreten von Herz-Kreislauf-Erkrankungen in der Familie haben ein erhöhtes Risiko, ebenfalls einen Herzinfarkt oder Schlaganfall zu erleiden),
- Rauchen,
- Bluthochdruck,
- Übergewicht,
- Cholesterin.

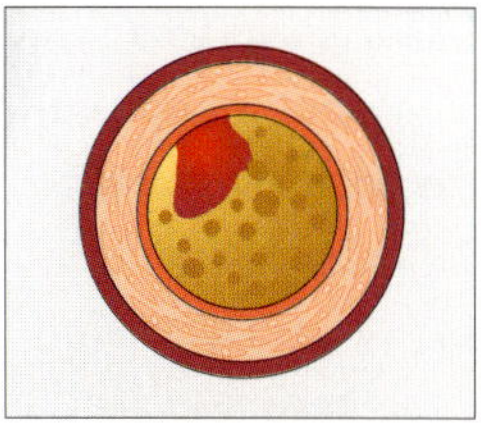

... kann es leicht zum vollständigen Verschluß durch ein Blutgerinnsel kommen.

Das „gute" und das „böse" Cholesterin

Cholesterin ist ein Blutfett, das in unserem Organismus lebenswichtige Funktionen erfüllt. Es ist Baustein unserer Zellwände und Muttersubstanz verschiedener wichtiger Hormone; außerdem braucht unsere Leber es, um die Gallensäuren zu bilden, die wir für die Verdauung benötigen. Zum größten Teil wird das Cholesterin in unserem Körper (hauptsächlich in der Leber) gebildet; zu einem kleineren Teil nehmen wir es aber auch mit der Nahrung auf. Es zirkuliert also immer eine bestimmte Cholesterinmenge in unserem Blut; das ist der sogenannte Cholesterinspiegel. Ohne dieses Cholesterin könnten wir gar nicht leben. Nur ein Zuviel an Cholesterin kann gefährlich werden.

Ein zu hoher Cholesterinspiegel – so hört man oft – gehört zu den wichtigsten Risikofaktoren für Herzinfarkt und Schlaganfall. Prinzipiell ist diese Aussage durchaus richtig; aber sie stellt den Sachverhalt doch etwas zu vereinfacht dar. Man unterscheidet nämlich zwei verschiedene Arten von Cholesterin: das HDL-Cholesterin (diese

Eine medizinische Studie hat gezeigt, daß von 900 Herzinfarkt-Patienten nur rund 30 % in den Wochen davor irgendwelche warnenden Symptome verspürt hatten. Bei den anderen kam der Herzinfarkt buchstäblich „wie aus heiterem Himmel". Um so wichtiger ist es, dem Infarkt durch eine gesunde Lebensweise und Ernährung vorzubeugen.

Abkürzung steht für „high density lipoproteins" – Lipoproteine hoher Dichte) und das LDL-Cholesterin („low density lipoproteins" – Lipoproteine niedriger Dichte).

Da das Cholesterin in unserem Körper so wichtige Aufgaben erfüllt, muß es zu allen Organen und Zellen gelangen. Als Fett ist es im Blutplasma jedoch nicht löslich und kann daher nur transportiert werden, wenn es an bestimmte Eiweißkörper gekoppelt ist. Diese Fett-Eiweiß-Komplexe bezeichnet man als Lipoproteine. Die Lipoproteine kommen in unserem Organismus in unterschiedlicher Dichte vor, die daraus resultiert, daß der prozentuale Fett- (bzw. Cholesterin-)anteil und der Eiweißanteil bei ihnen jeweils unterschiedlich ist. Deshalb unterscheidet man zwischen HDL- und LDL-Cholesterin: Beim HDL-Cholesterin ist der Cholesterinanteil gering und der Eiweißanteil hoch, beim LDL-Cholesterin hingegen ist der Cholesterinanteil hoch und der Eiweißanteil gering.

Inzwischen weiß man, daß nur eines dieser beiden Cholesterine gefährlich ist: das LDL-Cholesterin. Die LDL-Lipoproteine transportieren nämlich das Cholesterin von der Leber zu den Zellen. Haben wir zuviel von diesem LDL-Cholesterin, so lagert es sich an den Innenwänden der Arterien an – es kommt zur Arteriosklerose.

Die HDL-Lipoproteine dagegen schützen uns vor Herzinfarkt und Schlaganfall, indem sie überschüssiges Cholesterin aus den Zellen wieder zurück zur Leber transportieren, wo es zu Gallensäuren abgebaut wird.

Das heißt: Je weniger LDL-Cholesterin und je mehr HDL-Cholesterin wir haben, um so besser. Früher, als diese Zusammenhänge noch nicht bekannt waren, hielt man grundsätzlich jeden Menschen für herzinfarktgefährdet, dessen Cholesterinspiegel 200 mg/dl (Milli-

Cholesterinwerte

	günstig	grenzwertig	ungünstig
Gesamtcholesterinspiegel	unter 200 mg/dl	200–250 mg/dl	über 250 mg/dl
LDL-Cholesterin	unter 135 mg/dl	135–175 mg/dl	über 175 mg/dl
HDL-Cholesterin	über 45 mg/dl	35–45 mg/dl	unter 35 mg/dl

Aus der obenstehenden Tabelle können Sie ablesen, welche Cholesterinwerte günstig und welche ungünstig sind.

gramm pro Deziliter Blut) überstieg. Inzwischen sieht man die Dinge etwas differenzierter und mißt bei ärztlichen Untersuchungen nicht nur den Gesamtcholesterinspiegel, sondern auch den Anteil an HDL- und LDL-Cholesterin, denn nur diese Daten geben Aufschluß über das Herzinfarktrisiko. Von dem „guten" HDL-Cholesterin sollten wir mindestens 35 bis 45 mg/dl haben (am besten noch mehr), vom „bösen" LDL-Cholesterin möglichst nicht mehr als 135 mg/dl.

Am besten wäre also eine Ernährung, die den HDL-Cholesterinspiegel erhöht und den LDL-Cholesterinspiegel senkt. Aber wie erreicht man das? Zunächst einmal natürlich durch eine nicht zu cholesterinreiche Ernährung. Doch auch durch die Zusammensetzung der Nahrungsfette können wir unseren Cholesterinspiegel beeinflussen, denn manche Nahrungsfette erhöhen den „bösen" LDL-Cholesterinspiegel, andere senken ihn.

Fett ist nicht gleich Fett

Immer wieder hört man das Schlagwort „fettarme Ernährung". Vor allem Menschen, die schon einmal einen Herzinfarkt oder Schlaganfall erlitten haben oder die abnehmen wollen, wird empfohlen, sich fettarm zu ernähren.

Der ideale Fitmacher für unsere Zellen: jeden Tag ein Glas Mohrrübensaft mit ein paar Tropfen Olivenöl. (Das Öl braucht unser Körper, um das Betakarotin der Mohrrüben verwerten zu können.)

Das heißt aber nicht, daß Fett grundsätzlich etwas Schlechtes ist. Ganz im Gegenteil: Fett ist nicht nur ein Energielieferant, sondern spielt auch eine andere wichtige Rolle in unserer Ernährung. Bestimmte fettlösliche Vitamine (beispielsweise Betakarotin) kann unser Organismus überhaupt nur dann aufnehmen, wenn wir gleichzeitig Fett zu uns nehmen. (Deshalb sollte man in ein Glas frischgepreßten Mohrrübensaft oder in einen Mohrrübenbrei stets ein paar Tropfen Öl geben.)

Fett an sich ist also nicht unbedingt ein Übeltäter. Genau wie beim Cholesterin muß man auch hier die Dinge ein wenig differenzierter betrachten. Es gibt nämlich sehr verschiedene Arten von Fetten, die ganz unterschiedlich aufgebaut sind und auch unterschiedliche Wirkungen auf unseren Organismus haben.

Die Ernährungswissenschaftler unterscheiden drei Fettarten:

- Fette mit gesättigten Fettsäuren,
- Fette mit mehrfach ungesättigten Fettsäuren,
- Fette mit einfach ungesättigten Fettsäuren.

Gesättigte Fettsäuren: die größten Übeltäter

Die meisten Nahrungsmittel enthalten alle drei Fettsäuren in unterschiedlicher Zusammensetzung. **Gesättigte Fettsäuren** kommen vor allem in tierischer Nahrung (Fleisch, Wurst, Eiern und Milchprodukten) vor. Nicht erst seit der Sieben-Länder-Studie von Ancel Keys weiß man, daß diese Fettsäuren mit Vorsicht zu genießen sind, denn sie steigern den Gesamtcholesterinspiegel, und zwar besonders die Menge des gefährlichen LDL-Cholesterins. Und nicht nur das: Gleichzeitig erhöht sich bei einer an gesättigten Fettsäuren reichen Ernährung auch

Die Nahrungsfette, die wir zu uns nehmen, haben einen wichtigen Einfluß auf unseren Cholesterinspiegel.

noch die Verklumpungsneigung der Blutplättchen. Damit steigt das Herzinfarkt- und Schlaganfallrisiko.

Gesättigte Fettsäuren sind vor allem in tierischer Nahrung (Fleisch, Wurst, Eiern und Milchprodukten) enthalten.

Daher sind die gesättigten Fettsäuren „die größten Übeltäter in unserer Ernährung“, wie Ancel Keys sagt. Eine Kost mit zu hohem Anteil an tierischer Nahrung ist außerdem schon deshalb nicht zu empfehlen, weil tierische Nahrungsmittel – im Gegensatz zu pflanzlichen – Cholesterin enthalten. Inzwischen empfehlen Ernährungswissenschaftler, höchstens zwei- bis dreimal pro Woche Fleisch auf den Tisch zu bringen und auch den Wurstkonsum stark einzuschränken.

Mehrfach ungesättigte Fettsäuren: Ohne sie geht es nicht

Anders sieht es mit den **mehrfach ungesättigten Fettsäuren** aus. Zu ihnen gehören viele „essentielle“ Fettsäuren, die unser Körper zwar unbedingt braucht, aber nicht selber bilden kann – zum Beispiel die Linolsäure, die in vielen pflanzlichen Ölen (Distelöl, Sonnenblumenöl, Kürbiskernöl, Traubenkernöl, Soja- und Maisöl) in ziemlich hoher Menge enthalten ist. Solche Fettsäuren müssen wir unserem Organismus also unbedingt mit der Nahrung zuführen.

Die in Kaltwasserfischen enthaltene Eicosapentaensäure wirkt blutverdünnend und entzündungshemmend (antirheumatisch). Es spricht also alles dafür, statt Fleisch lieber öfter einmal Fisch zu essen!

Zu den essentiellen Fettsäuren gehört auch die Eicosapentaensäure, die im Gegensatz zur Linolsäure nicht in pflanzlicher Nahrung vorkommt, sondern ausschließlich im Fett von Kaltwasserfischen – beispielsweise Lachs, Hering, Makrele, Thunfisch, Sprotte und Sardine. Diese Fettsäure ist zur Vorbeugung von Herz-Kreislauf-Erkrankungen sehr wichtig, denn sie hemmt die Gerinnungsneigung des Blutes, beugt also der Entstehung von Blutgerinnseln vor. Außerdem hat sie eine entzündungshemmende Wirkung und hilft daher gegen rheumatische Erkrankungen.

Man sieht: Tierische Nahrung ist nicht grundsätzlich „schlecht". Nur ein zu hoher Konsum an Fleisch, Wurst, Eiern und Milchprodukten erhöht das Arteriosklerose-Risiko, während die mehrfach ungesättigten Fettsäuren im Fisch eine schützende Wirkung haben. Deshalb sollte man statt Fleisch lieber öfter einmal Fisch auf den Tisch bringen.

Einfach ungesättigte Fettsäuren: Lange Zeit führten sie ein Schattendasein

Früher empfahlen Mediziner und Ernährungswissenschaftler, in der Küche möglichst häufig Pflanzenöle mit mehrfach ungesättigten Fettsäuren zu verwenden. Es ist nämlich schon seit längerem erwiesen, daß diese Fettsäuren den Cholesterinspiegel senken. Lange Zeit galten sie daher als ideales Nahrungsmittel zur Reduktion des Herzinfarkt- und Schlaganfall-Risikos.

Von den **einfach ungesättigten Fettsäuren** meinten die Wissenschaftler hingegen, daß sie den Cholesterinspiegel weder heben noch senken – also im Hinblick auf das Herzinfarkt- und Schlaganfallrisiko zwar nicht schaden können, aber auch nichts nützen. Öle mit einem hohen Gehalt an einfach ungesättigten Fettsäuren (das wichtigste ist das Olivenöl) führten daher in der medizinischen Forschung lange Zeit ein Schattendasein.

Erst in letzter Zeit entdeckte man die gesundheitsfördernden Eigenschaften der einfach ungesättigten Fettsäuren.

Aber warum hatten die Völker im Mittelmeerraum dann trotz ihres hohen Olivenölkonsums eine viel niedrigere Herzinfarktrate und auch einen niedrigeren Gesamtcholesterinspiegel als west- und nordeuropäische Völker und die Amerikaner? Im Mittelmeerraum machen die einfach ungesättigten Fettsäuren über 15 % der Gesamtkalorienmenge aus, auf Kreta sogar bis zu 27 %; und der größte Teil dieser Fettsäuren stammt aus Olivenöl.

Dieser Widerspruch, der durch die Sieben-Länder-Studie von Ancel Keys eindringlich ins Bewußtsein gehoben wurde, ließ den Wissenschaftlern keine Ruhe und inspirierte sie dazu, sich eingehender mit dem so lange vernachlässigten Olivenöl zu beschäftigen – mit erstaunlichen Resultaten: Olivenöl, so stellte sich heraus, ist zur Herzinfarkt- und Schlaganfallprävention sogar *noch besser* geeignet als die lange Zeit so hoch in den Himmel gehobenen Öle mit den mehrfach ungesättigten Fettsäuren. Denn mehrfach ungesättigte Fettsäuren reduzieren nicht nur das „schlechte" LDL-Cholesterin (was ja durchaus positiv zu bewerten ist), sondern – wenn man viel davon konsumiert – leider auch das „gute" HDL-Cholesterin. Einfach ungesättigte Fettsäuren hingegen senken nur den LDL-Anteil des Gesamtcholesterins.

Lange Zeit rätselten Wissenschaftler darüber nach, warum die Menschen in den Mittelmeerländern ein viel niedrigeres Herzinfarkt- und Schlaganfallrisiko haben. Inzwischen ist man ihrem Gesundheitsgeheimnis auf die Spur gekommen: Es ist das Olivenöl.

Diese Tabelle zeigt sowohl den Gesamtfettkonsum der Testpersonen in der Sieben-Länder-Studie als auch den Anteil an gesättigten, einfach und mehrfach ungesättigten Fettsäuren. Die Kreter, die besonders viele einfach ungesättigte Fettsäuren (in Form von Olivenöl) zu sich nehmen, haben das geringste Herzinfarktrisiko.

Auch sonst gibt es noch einiges, was gegen einen übermäßig hohen Konsum an mehrfach ungesättigten Fettsäuren spricht: In Tierversuchen erhöhte er zum Beispiel die Neigung zu Gallensteinen. Deshalb sind Ärzte mittlerweile nicht mehr ganz so enthusiastisch wie früher in ihren Empfehlungen, hauptsächlich solche Öle zu verwenden. Inzwischen ist Olivenöl, was die gesundheitsfördernde Wirkung anbelangt, der Spitzenreiter. Schließlich ist dieses Öl in den Mittelmeerländern schon seit vielen Jahrhunderten ein wichtiger Grundbestandteil der Nahrung, und die Menschen dort strotzen vor Gesundheit. Das ist der beste Beweis dafür, daß Olivenöl sich positiv auf Gesundheit und Lebenserwartung auswirkt und keine schädlichen Nebenwirkungen hat.

Ernährung in der Sieben-Länder-Studie

Land	Prozentsatz der Gesamtkalorienzufuhr[1] Eiweiß	Fett (insg.)[2]	ges. Fs.[3]	einf. ung. Fs.[4]	mehrf. ung. Fs.[5]	Alkohol
USA	13,3	38,0	16,2	16,2	4,8	5
Ostfinnland	12,4	38,5	23,7	11,9	2,9	3
Westfinnland	11,9	34,3	19,4	11,3	3,0	3
Zutphen (Niederlande)	11,7	38,0	20,2	12,5	5,4	5
Crevalcore (Italien)	12,8	27,0	8,9	11,4	3,2	10
Montegiorgio (Italien)	11,2	24,5	9,6	11,6	3,3	10
Rom (Italien)	11,8	27,0	7,6	17,1	2,7	10
Dalmatien (früheres Jugoslawien)	11,1	25,6	9,1	13,4	6,9	20
Slawonien (früheres Jugoslawien)	13,3	31,9	13,6	13,3	3,4	5
Velika Krsna (früheres Jugoslawien)	13,0	21,9	5,7	14,6	1,9	5
Zrenjanin (früheres Jugoslawien)	12,4	32,6	9,7	20,1	3,1	5
Kreta (Griechenland)	10,5	36,1	7,7	25,8	2,5	4
Korfu (Griechenland)	11,4	33,0	6,4	18,3	3,5	8
Tanushimaru (Japan)	11,7	9,0	2,9	2,9	2,9	6
Ushibuka (Japan)	12,4	9,0	2,9	2,9	2,9	5

1) Durchschnittswerte; 2) insg.: insgesamt; 3) ges. Fs.: gesättigte Fettsäuren; 4) einf. ung. Fs.: einfach ungesättigte Fettsäuren; 5) mehrf. ung. Fs.: mehrfach ungesättigte Fettsäuren

Lebenselixier Olivenöl

Olivenöl hat die ideale Fettsäuren-Zusammensetzung: Es besteht zu fast 80 % aus einfach ungesättigten Fettsäuren (von denen die wichtigste die Ölsäure ist) und zu etwa 12 % aus mehrfach ungesättigten Fettsäuren. Sein Anteil an gesättigten Fettsäuren ist mit rund 10 % sehr gering.

Inzwischen weiß man, daß Olivenöl gesünder ist als Öle mit einem hohen Anteil an mehrfach ungesättigten Fettsäuren wie z. B. Sonnenblumen-, Distel-, Kürbiskern- und Traubenkernöl.

Das heißt, durch Olivenöl können wir unseren Bedarf an mehrfach ungesättigten (essentiellen) Fettsäuren decken, nehmen gleichzeitig aber auch eine große Menge an einfach ungesättigten Fettsäuren auf – was bei den meisten anderen Pflanzenölen nicht gegeben ist, da sie zwar einen hohen Anteil an mehrfach ungesättigten Fettsäuren haben, aber eben leider nur sehr wenig einfach ungesättigte Fettsäuren enthalten.

Aus der Tabelle auf der folgenden Seite, die einen Überblick über die wichtigsten pflanzlichen Speiseöle und ihren jeweiligen Gehalt an gesättigten, einfach und mehrfach ungesättigten Fettsäuren bietet, geht deutlich hervor, daß Olivenöl zu den wichtigsten Nahrungsquellen für einfach ungesättigte Fettsäuren gehört. Was den Gehalt an solchen Fettsäuren anbelangt, können es nur noch Haselnuß-, Mandel- und Rapsöl mit dem köstlichen Lebenselixier aus den Früchten des Olivenbaums aufnehmen.

Da Pflanzenöle Naturprodukte sind, variiert ihr Anteil an gesättigten, einfach und mehrfach ungesättigten Fettsäuren natürlich immer ein wenig und kann deshalb niemals hundertprozentig genau angegeben werden.

Und noch etwas ganz anderes zeigt diese Tabelle: Nicht alle pflanzlichen Öle sind empfehlenswert. So gibt es zum Beispiel einige tropische Pflanzenöle mit einem sehr hohen Anteil an gesättigten Fettsäuren – beispielsweise Palmöl, Palmkernöl und Kokosöl. Solche Öle sollte man in der Küche nach Möglichkeit nur sehr sparsam verwenden.

Überblick über die wichtigsten pflanzlichen Speiseöle und ihre Fettsäure-Zusammensetzung: Was den Gehalt an einfach ungesättigten Fettsäuren anbelangt, sind Olivenöl, Haselnuß-, Raps- und Mandelöl absolute Spitzenreiter. Palmöl und Kokosöl haben einen hohen Anteil an gesättigten Fettsäuren und sind daher mit Vorsicht zu genießen.

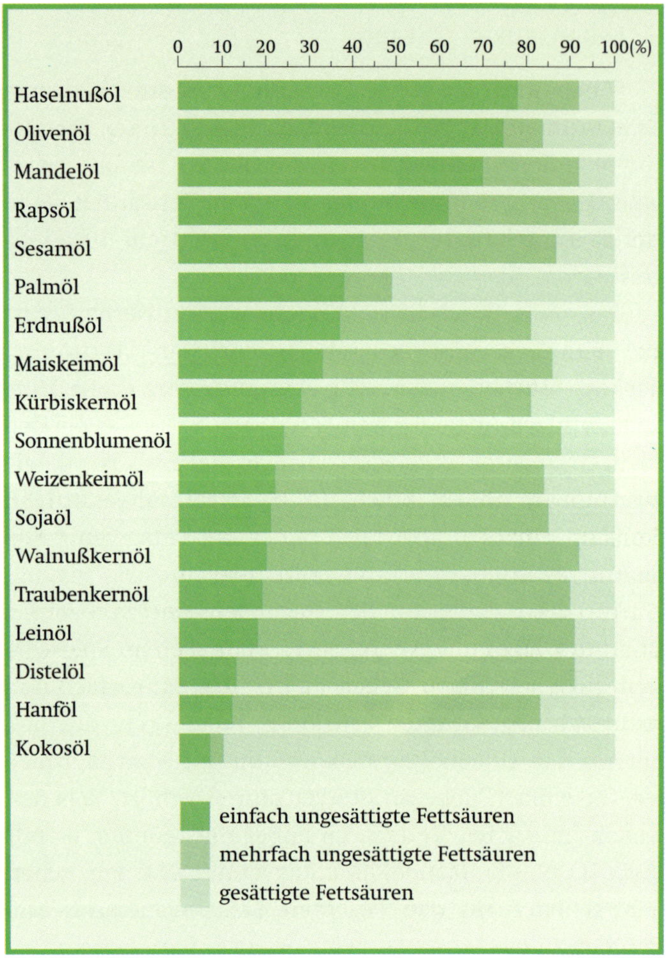

Gesunde Fette sind besser als Verzicht auf Fette

Bisher war es üblich – und auch heute wird es noch von vielen Ärzten praktiziert –, Patienten, die ein erhöhtes Herzinfarkt- oder Schlaganfall-Risiko haben, eine sehr fettarme Ernährung zu empfehlen. Um ihren Gesamtcholesterinspiegel zu senken, sollen sie ihren Fettkonsum stark einschränken.

Viele Ärzte machen jedoch die Erfahrung, daß ihre Patienten sich nicht an diese Empfehlung halten, weil ihnen eine solche fettarme Nahrung einfach nicht schmeckt. Außerdem sinkt durch diese Ernährungsweise der Gesamtcholesterinspiegel – also nicht nur der Anteil des „schlechten“ LDL-Cholesterins, sondern auch der des „guten“ HDL-Cholesterins. Angeregt durch die Ergebnisse der Sieben-Länder-Studie (und anderer in letzter Zeit durchgeführter medizinischer Studien über den Zusammenhang zwischen Herzinfarktrisiko und Ernährung), beginnen einige Mediziner und Ernährungswissenschaftler nun allmählich umzudenken: Statt den Gesamtfettkonsum einzuschränken, so sagen sie, solle man lieber die ungesunden gesättigten Fettsäuren in der Nahrung durch einfach ungesättigte Fettsäuren ersetzen. Dadurch sinkt der LDL-Cholesterinspiegel, während der HDL-Cholesterinspiegel nicht gesenkt wird, sondern sogar leicht ansteigt.

Außerdem ist eine solche mediterrane Ernährungsweise – mit viel Olivenöl, frischem Obst und Gemüse, vielen Ballaststoffen und wenig Fleisch – natürlich auch wesentlich schmackhafter und daher leichter durchzuhalten als eine streng fettarme Diät. Auf diese Weise kann man das Essen genießen, statt auf alles verzichten zu müssen, was schmeckt. Inzwischen gibt die International Atherosclerosis Society folgende Empfehlungen zum Fettkonsum:

Mehr Informationen über die mediterrane Ernährung und viele köstliche Rezepte dazu finden Sie ab Seite 84.

- Fette sollten nicht mehr als 30 % der Gesamtenergie liefern. (Das entspricht bei einer Tagesmenge von 2000 bis 2400 Kilokalorien ungefähr 65 bis 80 g Fett pro Tag.)

- Reduzieren soll man seinen Fettkonsum durch eine geringere Aufnahme der gesättigten, hauptsächlich aus tierischer Nahrung stammenden Fettsäuren: Sie sollten nicht mehr als 7–10 % der Gesamtkalorienzufuhr betragen!
- Mehrfach ungesättigte Fettsäuren sollten möglichst nicht mehr als 7–8 % unseres Gesamtenergiebedarfs decken.
- Die restlichen 10–15 % unserer Energie sollten wir aus einfach ungesättigten Fettsäuren (beispielsweise Olivenöl) beziehen.

Olivenöl senkt den Blutdruck

Ein hoher Blutdruck gehört zu den wichtigsten Risikofaktoren für Herzinfarkt und Schlaganfall.

Die Italiener, die Ancel Keys zu seiner Studie inspirierten, sind mit ihrer Gesundheit und Lebensfreude der beste Beweis für die positiven Wirkungen einer solchen Ernährung. Aber nicht in allen Gegenden Italiens ist der Olivenölkonsum gleich hoch. Die italienische Küche ist sehr stark regional geprägt – das heißt, im Norden Italiens ernährt man sich ganz anders als beispielsweise in Sizilien. So wird in der Gegend um Neapel, Florenz, Genua und Bari sehr viel Olivenöl verzehrt, in der Region von Mailand, Rom und Bologna ist dagegen der Anteil an gesättigten Fettsäuren in der Nahrung höher.

In einer italienischen Studie wurden 6000 Versuchspersonen – je nach ihrem Konsum an einfach ungesättigten Fettsäuren – in drei verschiedene Gruppen eingeteilt. Dabei ergab sich, daß die Menschen, die sehr viel Olivenöl zu sich nahmen, nicht nur einen viel niedrigeren Cholesterinspiegel hatten (was ja ohnehin zu erwarten gewesen war), sondern auch einen niedrigeren Blutdruck. Man vermutet, daß das Oleuropein (die Substanz in den Oliven, die für den leicht bitteren Geschmack verantwortlich ist) den Blutdruck senkt, indem es die Blutgefäße erweitert. Da Bluthochdruck ebenfalls ein wichtiger Risikofaktor für die Entstehung von Herz-Kreislauf-Erkrankungen ist, schützt das Olivenöl uns also – nach dem Prinzip „Doppelt genäht hält besser" – gleich auf zwei verschiedenen Wegen vor Herzinfarkt und Schlaganfall.

Eine wirksame Waffe im Kampf gegen freie Radikale

Daß das „böse" LDL-Cholesterin zur Entstehung von Herzinfarkt und Schlaganfall führen kann, ist schon seit längerer Zeit bekannt. Erst seit kurzem weiß man jedoch, daß das LDL-Cholesterin allein noch gar nicht der Übeltäter ist, der die gefährliche Arteriosklerose auslöst. Es muß noch ein anderer Faktor hinzutreten: Oxydation. Das LDL-Cholesterin, das sich an den Innenwänden der Arterien anlagert, entfaltet seine verhängnisvolle Wirkung neuesten wissenschaftlichen Untersuchungen zufolge nämlich erst dann, wenn es oxydativ verändert wird.

Schuld daran sind chemische Verbindungen mit dem unheilverkündenden Namen „freie Radikale".

Freie Radikale sind sehr instabile, reaktionsfreudige Moleküle, die mit anderen chemischen Verbindungen in unserem Körper Reaktionen eingehen und auf diese Weise Zellen und Zellkerne schädigen.

Man muß sich das wie eine Art Kettenreaktion vorstellen: Freie Radikale sind Moleküle mit einem freien (ungepaarten) Elektron. Normalerweise sind die Elektronen eines Atoms oder Moleküls stets paarweise – also in gerader Zahl – vorhanden. Bei den freien Radikalen ist jedoch ein Elektron überzählig, und das macht diese Moleküle instabil und sehr reaktionsfreudig: Sie versuchen das Elektronen-Ungleichgewicht nämlich wieder auszugleichen, indem sie andere Moleküle attackieren und sich entweder mit ihnen verbinden oder ihnen ein Elektron zu entreißen versuchen. Dadurch wird das angegriffene Molekül nun seinerseits zum freien Radikal, denn es hat jetzt ebenfalls nur noch eine ungerade Anzahl an Molekülen. Folglich greift es wieder andere Moleküle an, und so geht es immer weiter.

Wir können ihnen nicht entgehen

Das Schlimme daran ist, daß diese unheilstiftenden Moleküle in unserem eigenen Körper herumschwirren. Wir können uns kaum gegen sie schützen, denn sie entstehen praktisch immer und überall: nicht nur durch Rauchen, Alkohol, die ultravioletten Strahlen der Sonne und andere schädliche Umwelteinflüsse (denen wir uns durch eine vernünftige Lebensweise bis zu einem gewissen Grad entziehen können), sondern auch durch Oxydationsvorgänge im Körper, die für unseren Stoffwechsel lebensnotwendig sind. Der Sauerstoff, den wir einatmen, reagiert nämlich mit unzähligen chemischen Verbindungen in unserem Organismus – er oxydiert sie. Energiereiche Nährstoffe (Fett, Eiweiß und Zucker) werden durch diese Oxydationsprozesse abgebaut und setzen dabei die Energie frei, die wir zum Leben brauchen.

Zu den Erkrankungen, die durch freie Radikale ausgelöst oder verschlimmert werden, gehören Arteriosklerose, Krebs, Alzheimer und Grauer Star. Außerdem schwächen diese destruktiven Moleküle unser Immunsystem und beschleunigen den Alterungsprozeß.

Das Problem ist nur, daß dabei eben gleichzeitig auch die schädlichen freien Radikale entstehen, die bei ihren Attacken auf andere, „intakte" Moleküle unsere Zellen (und häufig auch die Zellkerne) schwer schädigen oder sogar zerstören. Deshalb machen Wissenschaftler diese freien Radikale inzwischen für eine breite Palette an Gesundheitsschäden und zum Teil schweren Erkrankungen verantwortlich: Diese instabilen Moleküle sind schuld daran, daß wir überhaupt altern, daß mit zunehmendem Lebensalter unser Immunsystem nachläßt, daß wir Falten, graue Haare und Altersflecken bekommen. Alzheimer, Arthritis, grauer Star und viele andere Erkrankungen werden durch die zerstörerischen Aktivitäten freier Radikale verursacht oder zumindest verschlimmert, und sie spielen auch eine wichtige Rolle bei der Krebsentstehung – was nicht verwunderlich ist, wenn man bedenkt, daß Krebs durch eine Veränderung des Genmaterials in unseren Zellkernen ausgelöst wird und daß freie Radikale die Zellkerne schädigen.

Antioxydanzien: der beste Schutz vor freien Radikalen

Da die Oxydationsprozesse in unserem Körper allgegenwärtig und lebenswichtig sind, können wir sie nicht verhindern. Aber vor ihren schädlichen Auswirkungen – nämlich der Entstehung der zerstörerischen freien Radikale – können wir uns bis zu einem gewissen Grad schützen. Unter den Vitaminen und Spurenelementen, die wir mit der Nahrung aufnehmen, gibt es nämlich etliche „Freie-Radikal-Killer" (auch Antioxydanzien genannt), die diese Bösewichter unschädlich machen. Sie gehen eine chemische Verbindung mit ihnen ein und setzen sie dadurch außer Gefecht. Die wichtigsten antioxydativen Vitamine sind Vitamin C, Vitamin E und Beta-Karotin (die Vorstufe des Vitamins A).

Es gibt verschiedene Vitamine und andere vor allem in pflanzlicher Nahrung enthaltene Substanzen, die uns vor freien Radikalen schützen können. Man bezeichnet sie als Antioxydanzien oder auch – salopper – als „Radikalfänger" oder „Freie-Radikal-Killer".

Deshalb raten Ernährungswissenschaftler, mit der Nahrung möglichst viel von diesen Vitaminen aufzunehmen – und zwar täglich. Denn die freien Radikale schlafen nicht, sondern attackieren unsere Zellen in jeder Sekunde, und deshalb müssen auch immer genügend Freie-

Radikal-Killer zur Stelle sein. Nur so können wir uns vor vorzeitigem Altern, Abwehrschwäche, Krebs und anderen durch freie Radikale bewirkten Gesundheitsschäden und Erkrankungen schützen.

Mit einem Eßlöffel Olivenöl pro Tag können wir bereits ein Zehntel unseres Tagesbedarfs an Vitamin E decken.

Olivenöl enthält einen wichtigen Freie-Radikal-Fänger – Vitamin E –, und zwar in ziemlich hoher Konzentration: In 100 g Olivenöl (das entspricht etwa 10 Eßlöffeln) sind immerhin 13,2 mg Vitamin E enthalten. (Die empfohlene Tagesmenge beträgt für Vitamin E rund 12 mg.)

Daß Vitamin E vor Herz-Kreislauf-Erkrankungen schützt, ist bereits erwiesen. Dazu liegen mehrere wissenschaftliche Studien vor: Durch hochdosierte Vitamin-E-Gaben (67 mg pro Tag – das entspricht mehr als einem Fünffachen der allgemein empfohlenen Tagesmenge!) über einen Zeitraum von zwei Jahren ließ sich das Risiko einer koronaren Herzkrankheit bei den Versuchspersonen immerhin um 31 bis 65 % senken. Allerdings muß man das Vitamin auch wirklich in hoher Dosierung und über einen längeren Zeitraum hinweg einnehmen, um diese Schutzwirkung zu erzielen. Und man darf damit auch niemals aufhören, sondern muß seinem Körper das lebenswichtige Vitamin nach Möglichkeit tagtäglich zuführen: Studien deuten darauf hin, daß die Widerstandsfähigkeit der LDL-Partikel gegen Oxydationsvorgänge bereits eine Woche nach der letzten Vitamin-E-Einnahme wieder absinkt.

Olivenöl verhindert die Oxydation der LDL-Partikel in den Arterieninnenwänden aber nicht nur durch sein Vitamin E, sondern auch durch seinen hohen Gehalt an einfach ungesättigten Fettsäuren: Diese Fettsäuren sind nämlich viel widerstandsfähiger gegen oxydative Veränderungen als mehrfach ungesättigte Fettsäuren, die für die Attacken freier Radikale relativ anfällig sind.

Durch die Fettsäurezusammensetzung unserer Nahrung können wir die Fettsäurezusammensetzung unseres LDL-Cholesterins beeinflussen: Nehmen wir viel einfach ungesättigte Fettsäuren zu uns, so ist auch der Anteil an stabilen einfach ungesättigten Fettsäuren in unseren LDL-Cholesterinpartikeln höher. Bei einer Nahrung mit sehr hohem Anteil an mehrfach ungesättigten Fettsäuren hingegen steigt auch der Anteil dieser oxydationsanfälligen Fettsäuren in unserem LDL-Cholesterin – und damit erhöht sich unser Herzinfarktrisiko. In zwei medizinischen Studien konnte gezeigt werden, daß die LDL-Partikel in den Arterieninnenwänden der Testpersonen schon nach zweiwöchiger olivenölreicher Ernährung längst nicht mehr so anfällig für oxydative Veränderungen waren wie vorher.

Das heißt: Olivenöl reduziert nicht nur die Menge des schädlichen LDL-Cholesterins, sondern verhindert auch die Oxydation dieses Cholesterins – zwei wichtige Faktoren, die zur Entstehung von Arteriosklerose beitragen.

Außer Vitamin E und einfach ungesättigten Fettsäuren enthält dieses erstaunliche Öl, dessen gesundheitsfördernden Wert man erst seit ein paar Jahren so richtig zu schätzen weiß, übrigens auch noch jede Menge anderer Antioxydanzien: Olivenöl wird als einziges Öl aus ganzen Früchten gewonnen und nicht nur aus den Samen von Früchten wie beispielsweise Sesamöl, Traubenkern- oder Sonnenblumenöl. Deshalb enthält es besonders viele wertvolle sekundäre Pflanzenstoffe (bioaktive Substanzen), die durch den schonenden Pressungsvorgang (Olivenöl wird stets kaltgepreßt) auch noch optimal erhalten bleiben. Einige dieser Pflanzenstoffe – die Phenole – haben, wie man inzwischen weiß, ebenfalls eine starke antioxydative Wirkung.

Sekundäre Pflanzenstoffe (bioaktive Substanzen) sind gesundheitsfördernde Stoffe in Obst, Gemüse, Salat, Getreide und Hülsenfrüchten, die unter anderem vor Krebs und Herz-Kreislauf-Erkrankungen schützen können. Sie wurden erst vor kurzem entdeckt und sind noch lange nicht vollständig erforscht.

Olivenöl als Schutz vor Krebs

Diese Wirkung prädestiniert Olivenöl gleichzeitig auch zum optimalen Krebsschutz. Zwar stecken die medizinischen Forschungsarbeiten über den Zusammenhang zwischen Olivenöl und Krebsrisiko noch in den Kinderschuhen; doch es gibt inzwischen schon einige medizinische Studien, die darauf hindeuten, daß Menschen, die sich olivenölreich ernähren, ein geringeres Risiko haben, an bestimmten Krebsarten zu erkranken.

Eine dieser Krebsarten, vor denen Olivenöl wahrscheinlich schützen kann, ist Darmkrebs. Schon seit längerem weiß man, daß das Dickdarmkrebsrisiko durch einen hohen Konsum an tierischem Fett steigt. In den Mittelmeerländern, wo relativ wenig Fleisch verzehrt wird, sterben viel weniger Menschen an Dickdarmkrebs als in anderen europäischen Ländern und in den USA. Einige neuere Studien deuten darauf hin, daß auch der hohe Olivenölkonsum der südeuropäischen Völker zu dieser geringen Darmkrebs-Sterblichkeitsrate beiträgt.

Da Olivenöl im Gegensatz zu anderen Pflanzenölen aus ganzen Früchten (den Oliven) gewonnen wird und nicht nur aus deren Samen, enthält es besonders viele wertvolle antioxydative Substanzen.

Das gleiche gilt für Brustkrebs – eine weitere Krebsart, bei deren Entstehung die Ernährung eine wichtige Rolle spielt. Das Brustkrebsrisiko variiert geographisch sehr stark: So erkranken Frauen in Japan beispielsweise viel seltener an Brustkrebs als in den westlichen Industrienationen. Um zu klären, ob das auf genetische Faktoren oder eher auf Unterschiede in der Lebensweise zurückzuführen ist, hat man in den achtziger Jahren das Brustkrebsrisiko von Japanerinnen untersucht, die in die USA ausgewandert waren – mit verblüffenden Resultaten: Bei diesen Auswanderinnen stieg die Brustkrebs-Sterblichkeitsrate und glich sich an diejenige der amerikanischen Frauen an – zumindest bei den Japanerinnen, die amerikanische Lebens- und Ernährungsgewohnheiten angenommen hatten. Das beweist, daß nicht – oder zumindest nicht nur – genetische Faktoren für das unterschiedlich hohe Brustkrebsrisiko verantwortlich sind, sondern daß auch die Ernährung hierauf einen wichtigen Einfluß hat.

Auch in den Mittelmeerländern sterben weniger Frauen an Brustkrebs als beispielsweise in West- und Nordeuropa und in den USA. Inzwischen weiß man, welche Ernährungsfaktoren die Entstehung von Brustkrebs (und vielen anderen Krebsarten) begünstigen: ein zu hoher Konsum an tierischen Fetten und eine zu geringe Aufnahme an pflanzlichen Nahrungsmitteln wie Obst und Gemüse. Deshalb sollten Frauen – vor allem jene, die erblich bedingt ein besonders hohes Risiko haben, an Brustkrebs zu erkranken – möglichst wenig tierisches und viel pflanzliches Fett zu sich nehmen.

Etwas besonders Gutes können sie sich tun, wenn sie dieses pflanzliche Fett hauptsächlich in Form von Olivenöl aufnehmen. Zwar wurden bis jetzt noch nicht viele wissenschaftliche Studien zu diesem Thema durchgeführt; einige Untersuchungen deuten jedoch bereits darauf hin, daß ein hoher Olivenöl-Konsum vor Brustkrebs schützen kann. Das widerspricht der lange Zeit vorherrschenden Hypothese, daß Frauen, die sich fettreich ernähren, ein erhöhtes Brustkrebsrisiko haben. Auch hier kommt es offenbar wiederum darauf an, *was für Fette* man zu sich nimmt.

In einer Studie in Italien untersuchte man den Einfluß von Olivenöl und anderen Nahrungsfetten auf das Brustkrebsrisiko. 2564 an Brustkrebs erkrankte Frauen und 2588 Frauen, die keinen Krebs hatten, wurden nach ihren Lebens- und Ernährungsgewohnheiten befragt. Das

Risikofaktoren für Brustkrebs sind:

- *erbliche Veranlagung*
- *früher Eintritt der ersten Menstruation*
- *später Beginn der Wechseljahre*
- *Kinderlosigkeit oder späte Geburt des ersten Kindes*
- *frühere gutartige Bindegewebswucherungen in der Brust (Mastopathie)*

In Spanien liegt die Brustkrebsrate ungefähr 40 % niedriger als in Nordeuropa und den USA.

Ergebnis: Bei den Frauen der Kontrollgruppe, die nicht an Krebs litten, war der Olivenölkonsum besonders hoch. Dieses Öl scheint also tatsächlich bis zu einem gewissen Grad vor Brustkrebs zu schützen. Für Butter und Margarine konnte keine solche schützende Wirkung nachgewiesen werden.

In einer spanischen Studie mußten 762 Frauen mit Brustkrebs und eine Kontrollgruppe von 988 Frauen ohne Brustkrebs einen Fragebogen ausfüllen, bei dem es ebenfalls um die Ernährung ging. Auch hier zeigte sich, daß ein hoher Fettkonsum nicht mit einer erhöhten Brustkrebsgefahr einhergeht, daß man aber durch olivenölreiche Ernährung sein Risiko, an Brustkrebs zu erkranken, senken kann, und zwar dosisabhängig: Je höher der Olivenölkonsum, um so geringer das Brustkrebsrisiko. Alkohol – auch das brachte diese Studie an den Tag – erhöht das Brustkrebsrisiko.

Ähnliche Erkenntnisse liegen übrigens inzwischen für Magenkrebs vor, und man vermutet, daß Olivenöl auch vor Gebärmutterschleimhaut- und Eierstockkrebs schützen kann.

Welche Bestandteile des Olivenöls für diese Krebsschutz-Wirkung verantwortlich sind, weiß man noch nicht genau; aber wahrscheinlich spielen die Antioxydanzien dabei eine sehr wichtige Rolle. Man vermutet, daß vor allem die einfach ungesättigten Fettsäuren, die sich in den Zellen einlagern, diese weniger anfällig für oxydativen Streß machen. Wahrscheinlich gilt auch die umgekehrte Regel: Ein Zuviel an mehrfach ungesättigten Fettsäuren (die viel reaktionsfreudiger sind) macht die Zellen anfälliger für oxydative Schäden. Bei einigen Tierversuchen erhöhte ein hoher Nahrungsanteil an mehrfach ungesättigten Fettsäuren jedenfalls das Krebsrisiko.

Gut für Verdauung, Gehirn und Nervensystem

Die positive Wirkung des Olivenöls auf die Verdauungsorgane ist zwar schon seit langem erwiesen, aber leider noch längst nicht so allgemein bekannt, wie sie es eigentlich sein sollte. Wer käme schon auf die Idee, Olivenöl gegen Magengeschwüre oder gegen das durch Magenübersäuerung hervorgerufene, lästige Sodbrennen einzunehmen? Und doch haben Wissenschaftler schon Ende des 19. Jahrhunderts entdeckt, daß Olivenöl bei Menschen mit erhöhter Magensäureproduktion eine säuresenkende Wirkung hat.

Selbst Magen- und Darmgeschwüren kann man mit dem köstlichen Öl zu Leibe rücken: Bei 30 % der Patienten verkleinerten sich in einer medizinischen Studie diese Geschwüre bei regelmäßiger Einnahme von Olivenöl, bei 55 % vernarbten sie, und die Magensäureproduktion normalisierte sich wieder.

Das flüssige Gold bringt müde Därme auf Trab

Außerdem ist Olivenöl besonders gut verträglich und fördert die Verdauung: Schwerverdauliche Nährstoffe (beispielsweise andere Fette) werden dadurch im Darm aufgeschlossen. In höheren Dosen hat Olivenöl auch eine sanft abführende Wirkung und eignet sich daher hervorragend für Menschen, die an Verstopfung leiden. Wenn diese nicht nur in der Küche verstärkt auf Olivenöl zurückgreifen, sondern zusätzlich auch noch die Grundprinzipien der ballaststoffreichen „Mittelmeerdiät" beherzigen, werden sie mit ihrem Darm sicherlich bald keine Probleme mehr haben.

Olivenöl fördert die Verdauung und hat eine leicht abführende Wirkung.

Olivenöl hat auch eine galletreibende Wirkung, die sich ebenfalls positiv auf die Verdauung auswirkt: Das Öl sorgt für einen regelmäßigen Abfluß der Galle in den Darm und senkt – zumindest deuten einige medizinische Studien darauf hin – zudem das Gallenstein-Risiko. Forschte man bei Patienten mit Gallensteinen nach den Ursachen, so stellte sich meistens heraus, daß diese Menschen sich falsch ernährt hatten: Sie hatten zu viele gesättigte und mehrfach ungesättigte Fettsäuren zu sich genommen. Zur Vorbeugung von Gallensteinleiden ist Olivenöl also das ideale Nahrungsfett; selbst bei Gallenstein-Abtreibungskuren wird es eingesetzt.

Mehr Power für Säuglinge und Senioren

Die Ölsäure ist die Hauptfettsäure des Olivenöls.

Neueste Forschungsergebnisse haben gezeigt, daß die im Olivenöl enthaltene Ölsäure für Säuglinge sehr wichtig ist: Sie erfüllt bedeutende Funktionen bei der Bildung der Zellwände und auch bei der Entwicklung von Gehirn und Nervensystem.

Es gibt zwei Möglichkeiten, seinem Kind diesen „Muntermacher fürs Gehirn" zukommen zu lassen: Stillende Mütter sollten sich olivenölreich ernähren. Die für die Entwicklung des Gehirns so wichtige Ölsäure geht nämlich aus der Nahrung in die Muttermilch über. Mehrere Studien, in denen die Muttermilch von Frauen in verschiedenen Ländern untersucht wurde, haben gezeigt, daß die Milch von Müttern, die viel Olivenöl zu sich nahmen, mehr Ölsäure enthielt. Mütter, die ihre Kinder nicht stillen, sollten der Babynahrung stets ein paar Tropfen Olivenöl beigeben – was in den Mittelmeerländern übrigens eine uralte Tradition ist. Das Öl ist so leicht verdaulich, daß die Babys es problemlos vertragen.

Geben Sie Ihrem Kind stets ein paar Tropfen Olivenöl ins Fläschchen oder in die Babynahrung: Das Öl ist gut verträglich und fördert die Entwicklung von Knochen, Gehirn und Nervensystem.

Eine kürzlich in Italien durchgeführte Studie hat gezeigt, daß Olivenöl möglicherweise sogar den geistigen Verfall bei älteren Menschen aufhalten kann. Am Institut für Klinische Medizin in Bari wurde an 278 Männern und Frauen mit normaler Schulbildung und einem Durchschnittsalter von knapp 80 Jahren der Zusammenhang zwischen Ernährung und dem altersbedingten Verfall der Gedächtnisleistung untersucht. Dabei zeigte sich, daß nur einfach ungesättigte Fettsäuren vor dem geistigen Verfall schützen können.

Wir müssen unsere Ernährung umstellen

Obwohl das Interesse der Menschen an einer gesunden Ernährung immer mehr wächst und auch die Medien in dieser Hinsicht wichtige Aufklärungsarbeit leisten, ernähren wir uns nach wie vor zu ungesund. Erstens nehmen wir insgesamt zuviel Fett zu uns: Unser durchschnittlicher Fettverzehr liegt bei etwa 130 g pro Tag, obwohl es eigentlich nur 65 bis 80 g sein sollten. 42 % seiner täglichen Kalorien nimmt der Durchschnittsdeutsche in Form von Fett auf. Um auf die von Ernährungswissenschaftlern empfohlenen 30 % zu kommen, müßte er also seinen Fettkonsum um ganze 12 % senken! Außerdem nehmen wir viel zu viele ungesunde Fette zu uns: 40 % unserer gesamten Fettzufuhr stammen aus Wurst, Süßwaren und Streichfetten wie Butter oder Margarine.

Wir ernähren uns nach wie vor zu fettreich.

Und auch das Vorurteil, nur Öle mit mehrfach ungesättigten Fettsäuren seien gesund und könnten vor Herz-Kreislauf-Erkrankungen schützen, ist noch lange nicht überall ausgeräumt. Was jahrelang immer wieder in den Medien propagiert wurde, läßt sich in den Köpfen der Menschen natürlich nicht von heute auf morgen auslöschen. Immer noch wird in unseren Küchen viel zuwenig Olivenöl verwendet. Laut einer Umfrage des Instituts für Epidemiologie und Sozialmedizin der Universität Münster, bei der 479 Testpersonen befragt wurden, ergab sich, daß nur 56 % überhaupt Olivenöl in der Küche verwenden, und zwar hauptsächlich für Salatdressings; zum Braten, Dünsten und Schmoren wird es kaum eingesetzt, obwohl es sich auch dazu hervorragend eignet. Laut dieser Umfrage betrug der Anteil des Olivenöls am Gesamtfettkonsum nur entmutigende 1,3 % – im Gegensatz zu den Mittelmeerländern, wo Olivenöl bis zu 60 % der Fettzufuhr bestreitet.

Rund vier Millionen DM läßt die Europäische Union es sich seit 1996 kosten, allein in Deutschland den Olivenölverbrauch zu fördern. Auf Messen, durch Informationsbroschüren und Olivenölseminare wird demonstriert, wie wertvoll dieses Öl für unsere Gesundheit ist, wie man in der Küche damit umgeht und was für leckere Gerichte sich daraus zaubern lassen – eine Kampagne, die nun

Über 2,5 Millionen Menschen in den Mittelmeerländern leben vom Olivenanbau. Außerdem ist der Erhalt der Olivenbaumkulturen wichtig für das ökologische Gleichgewicht.

Oliven gibt es auf den Märkten und in Feinkostläden in allen Varianten.

glücklicherweise langsam, Schritt für Schritt, erste Erfolge bringt. Auch in anderen europäischen Ländern laufen zahlreiche Aktionen zur Förderung des Olivenölkonsums. Damit schlägt die EU gleich drei Fliegen mit einer Klappe: Sie unterstützt den Olivenanbau, der in vielen Mittelmeerländern eine wichtige Ertragsquelle ist, trägt gleichzeitig zur Erhaltung der Olivenbaumkulturen bei (was aus ökologischen Gründen wichtig ist) – und tut nicht zuletzt auch noch eine ganze Menge für unsere Gesundheit.

Allmählich steigt der Olivenölkonsum in Deutschland. Allerdings nehmen wir immer noch zu viele ungesunde tierische Fette zu uns.

Allmählich kommen die Deutschen tatsächlich auf den Geschmack: Seit der Wiedervereinigung im Jahr 1990/91 ist der Olivenölverbrauch in Deutschland um 90 % gestiegen. Inzwischen verwenden etwa 14 Millionen Haushalte zumindest teilweise Olivenöl; noch 1993 waren es nur sieben Millionen Haushalte. Spanier, Italiener, Griechen und andere Mittelmeervölker leben uns vor, wie man mit diesem Öl köstliche, gesunde, relativ fleischarme Gerichte kreieren kann; wir brauchen es ihnen nur nachzutun. Im vierten Kapitel dieses Buches erhalten Sie Vorschläge und Anregungen dazu.

Fit und schön mit Olivenöl

Daß Olivenöl eine Delikatesse und gleichzeitig auch noch gesund ist, haben Sie bereits erfahren. Es gibt aber auch jede Menge altbewährter – und erst in letzter Zeit wieder neu entdeckter – naturheilkundlicher Rezepte und Hausmittel mit diesem köstlichen Öl. Innerlich angewandt, beugt es zum Beispiel dem gefürchteten Kater nach einer durchfeierten Nacht vor. Umschläge mit Olivenöl helfen bei Abszessen und Verstauchungen, als Massageöl lindert es rheumatische Beschwerden aller Art. Gesichtsmassagen und Wickel mit Olivenöl sind gut gegen Falten und schenken eine samtweiche Haut; und sprödes, trockenes Haar wird durch Packungen mit Olivenöl glänzend und geschmeidig.

Schon in der Antike wußte man das Olivenöl zu schätzen und setzte es für die verschiedensten Zwecke ein: nicht nur als Speiseöl, sondern auch als Brennöl für Lampen und als Heil- und Schönheitsmittel – innerlich ebenso wie äußerlich. Die Kämpfer der Olympischen Spiele wurden vor ihrem Einsatz stets mit Olivenöl massiert – eine durchaus sinnvolle Maßnahme, denn der Film, den das Öl auf der Haut der Sportler bildete, schützte sie vor Sonnenbrand und vor Kälte. Gleichzeitig wurden die Muskeln durch die Olivenölmassage entspannt und durchgewärmt.

Auch nach dem Baden rieben die alten Griechen ihren Körper mit Öl ein, damit die Haut schön geschmeidig wurde. Und die ersten Parfüms wurden in Griechenland aus Olivenöl hergestellt, in dem man duftende Blüten ziehen ließ.

In der Antike heißbegehrt, heute wiederentdeckt: Massagen mit Olivenöl.

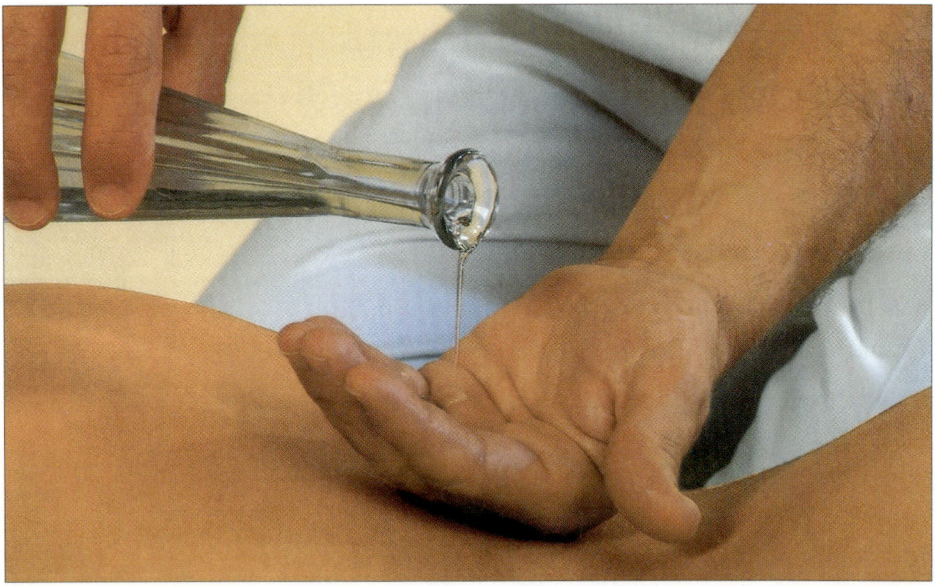

In der arabischen Medizin verwendete man das Öl als Grundlage von Salben und zur Behandlung von Wunden und Verbrennungen, rissiger Haut, aber auch zur Linderung von Juckreiz und bei Nesselstichen. Bei Kopfschmerzen gönnte man sich eine Olivenöl-Massage. Die Ägypter schätzten aus Oliven gewonnenes Öl als Heilmittel für Hautprobleme und -erkrankungen; und auch in der Bibel finden sich zahlreiche Hinweise auf den Gebrauch von Olivenöl als Medizin.

In vielen Rezepten auf ägyptischen Papyri wird Olivenöl als Heilmittel für die Haut erwähnt.

Ein altbewährtes Hausmittel – neu entdeckt

Inzwischen ist längst wissenschaftlich erwiesen, daß die alten Ägypter, Griechen und Römer recht hatten: Nicht nur innerlich, sondern auch äußerlich angewandt hat Olivenöl eine Vielzahl positiver Wirkungen – sowohl für die Schönheit als auch für die Gesundheit. Das Vitamin E des Öls schützt die Haut vor vorzeitiger Alterung durch freie Radikale und macht sie glatt und schön. Aufgrund seiner reizmildernden Wirkung kann man Olivenöl außerdem bei wunder Haut, Sonnenbrand, Insektenstichen und Juckreiz einsetzen. Schorfe lassen sich damit erweichen; spröde und rissige Haut wird wunderbar zart; ja selbst bei Abszessen, Psoriasis (Schuppenflechte), Ekzemen und rheumatischen Erkrankungen hat man mit Olivenöl schon gute Erfolge erzielt. Besonders intensiv wirkt das Öl, wenn man es nicht nur aufträgt, sondern anschließend auch noch kräftig einmassiert – und es vorher im Wasserbad auf Körpertemperatur erwärmt.

Die Italiener, bei denen das Olivenöl eine Art Lebenselixier ist, wissen schon seit Jahrhunderten um diese positiven Wirkungen und benutzen es daher gern als Haus-

Die Herstellung von Seifen auf Olivenölbasis hat eine uralte Tradition: Schon im 11. Jahrhundert wurde in Marseille und verschiedenen italienischen Städten damit begonnen. Olivenölseife ist in Apotheken und Reformhäusern erhältlich und besonders mild und hautpflegend.

mittel gegen Muskelkater, Schmerzen und zur Entspannung. Für eine saubere Narbenbildung behandeln sie abheilende Wunden mit einer Mischung aus Rotwein und Olivenöl (zu gleichen Teilen; vor Gebrauch wird das Gemisch kräftig geschüttelt, damit es emulgiert).

Bei uns wird das Olivenöl als Haus- und Schönheitsmittel erst in letzter Zeit allmählich entdeckt, erfreut sich aber wachsender Beliebtheit. Wir möchten Ihnen in diesem Kapitel einige der bewährtesten Olivenölrezepte und -hausmittel für Fitneß und Schönheit vorstellen.

1. Umschlag mit Olivenöl und Knoblauch

Bei Furunkeln, Abszessen und Verstauchungen zerdrücken Sie mehrere Knoblauchzehen, vermengen Sie sie mit Olivenöl zu einem Brei, und machen Sie damit einen Umschlag. Er lindert Schmerzen und kann auch entzündungshemmend wirken.

2. Massageöl gegen Rückenprobleme

Edgar Cayce (das berühmte amerikanische Medium, das Menschen im Trancezustand mit erstaunlicher Treffsicherheit Therapien für ihre Krankheiten verordnete) empfahl bei rheumatischen Erkrankungen regelmäßige Einreibungen mit einer Mischung aus Oliven- und Erdnußöl.

Bei Rückenschmerzen sollte man die betroffenen Stellen täglich mit Olivenöl einreiben; viele rückengeplagte Menschen berichten, auf diese Weise von ihrem Leiden erlöst worden zu sein. Allerdings darf man keine Wunder erwarten, sondern sollte schon ein paar Monate Geduld haben. Am besten gönnt man sich die Olivenöl-Einreibung vor dem Schlafengehen. (Durch die anschließende Bettwärme kann das Öl gut einwirken, außerdem hinterläßt Olivenöl, tagsüber in die Haut eingerieben, unter Umständen Flecken auf der Kleidung.) Wenn man einen Partner hat, kann man ihn bitten, das Öl kräftig einzumassieren – auch das erhöht die Wirkung.

3. Kamillenöl gegen Schmerzen

Geben Sie 100 g Kamillenblüten in 1 l Olivenöl, und erhitzen Sie diese Mischung auf kleiner Flamme im Wasserbad. Dann werden die Blüten abgeseiht, und das Öl wird in eine dunkle Flasche gefüllt. Reiben Sie die schmerzenden Stellen täglich mit diesem Öl ein: Die Kamille wirkt schmerzlindernd, das Olivenöl entspannend und entkrampfend.

4. Olivenöl-Kompresse gegen Muskelkater und Verstauchungen

Tränken Sie ein sauberes Papiertaschentuch oder einen Wattebausch mit Olivenöl und legen Sie dann diese Kompresse auf die betroffene Stelle. Um die Kompresse zu fixieren, wickeln Sie als Verband ein Stofftaschentuch darum.

5. Muntermacher für müde Füße

Gönnen Sie sich ein warmes Fußbad, und reiben Sie Ihre Füße dann mit einer Mischung aus Olivenöl und Zitronensaft ein. (Auch hier gilt: Möglichst langes, kräftiges Massieren verstärkt die Wirkung.)

6. Erste Hilfe bei Gallenkoliken

Nehmen Sie bis zum Eintreffen des Arztes jede Stunde zwei bis drei Eßlöffel Olivenöl ein. (Das Öl ersetzt jedoch keinesfalls die ärztliche Behandlung, in die Sie sich, wenn Sie unter Gallensteinen leiden, auf jeden Fall begeben sollten.)

Tip: Verlangen Sie in der Apotheke synthetischen Kampfer; er ist billiger als echter und für die Kampferöl-Herstellung gut geeignet.

7. Kater-Killer

Nehmen Sie vor einer Party, bei der reichlicher Alkoholkonsum droht, sicherheitshalber einen oder zwei Eßlöffel Olivenöl ein. Das Öl kleidet die Magenschleimhäute aus, so daß der Alkohol nicht so leicht absorbiert wird und in den Blutkreislauf gelangt.

8. Ein altes Hausmittel: Kampferöl

Erwärmen Sie 100 g Olivenöl im Wasserbad, lösen Sie 10 g Kampferkristalle darin auf, und füllen Sie diese Mischung in eine dunkle Flasche. Kampfer hilft gegen Infektionen der Atemwege, aber auch gegen rheumatische Beschwerden; daher ist dieses Öl ein ideales Hausmittel für die kalte Jahreszeit. Bei Husten können Sie Ihre Brust damit einreiben, das lindert den Hustenreiz und befreit die Atemwege; bei Muskelrheumatismus und Gelenkschmer-

Gibt Falten keine Chance: eine regelmäßige Gesichtsmassage mit Olivenöl und Zitronensaft.

zen massieren Sie das Öl in die schmerzenden Körperbereiche ein.

9. Anti-Falten-Gesichtsmassage

Mischen Sie Olivenöl zu gleichen Teilen mit frischgepreßtem Zitronensaft, schütteln Sie diese Mischung gut durch, damit sie emulgiert, und massieren Sie sie vor dem Schlafengehen kräftig ins Gesicht ein. (Zwei- bis dreimal pro Woche wiederholen.)

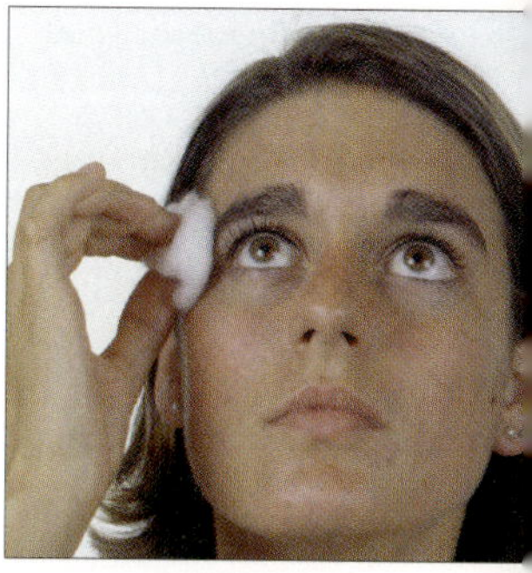

Fahren Sie mit dem ölgetränkten Wattebausch sanft über Augenlider und Wimpern. Das Make-up läßt sich auf diese Weise mühelos entfernen.

10. Ölwickel gegen Falten am Hals

Um die Haut Ihres Halses zart und faltenfrei zu halten, gönnen Sie sich einmal pro Woche einen Ölwickel: Erwärmen Sie 20 ml Olivenöl und 20 ml Mandelöl im Wasserbad, tränken Sie einen breiten Gazestreifen mit dem Öl, legen Sie ihn sich um den Hals, binden Sie ein altes Küchenhandtuch darüber, und lassen Sie den Ölwickel ungefähr eine Stunde einwirken. Das können Sie tun, während Sie ein Bad nehmen; durch die Wärme kann das Öl seine Wirkung noch besser entfalten. Am besten ist es jedoch, den Halswickel die ganze Nacht über einwirken zu lassen.

11. Ölmischung zum Abschminken

Selbst das hartnäckigste Make-up läßt sich mit folgender Mischung aus drei Ölen leicht entfernen: Vermischen Sie 1 EL Olivenöl, 1 EL Rapsöl und 1 EL Rizinusöl miteinander, und füllen Sie sie in ein Fläschchen ab. Zum Abschminken geben Sie jeweils ein paar Tropfen dieser Mischung auf einen Wattebausch. Das Öl wirkt gleichzeitig

Rapsöl ist in manchen Naturkostläden und Reformhäusern erhältlich.

Grobes Meersalz (aus dem Toten Meer) ist in der Apotheke als Badezusatz erhältlich. Falls Sie nicht gleich alles verbrauchen sollten, hält sich das Peeling 1–2 Monate lang, ohne daß man es im Kühlschrank aufzubewahren braucht.

hautpflegend und schützt die empfindliche Haut rund um die Augen vor dem Austrocknen.

12. Körperpeeling mit Olivenöl und grobem Meersalz

Vermischen Sie grobes Meersalz (oder anderes grobes Salz) in einem Verhältnis von 2:1 mit Olivenöl. Diese Mischung eignet sich hervorragend als Peeling für den ganzen Körper (aber nicht fürs Gesicht) und für rauhe Hautstellen, zum Beispiel an Knien und Ellbogen. Rubbeln Sie sie kräftig ein, und waschen Sie sie anschließend mit heißem Wasser ab. Abgestorbene Hautschüppchen werden dadurch entfernt, und die Haut wird wunderbar zart und schön.

13. Körperöl für eine samtweiche Haut

Mischen Sie Mandel- und Olivenöl zu gleichen Teilen, und reiben Sie nach dem Baden Ihren ganzen Körper damit ein. Da das Öl eine Weile braucht, um in die Haut einzuziehen, sollten Sie es am besten abends vor dem Schlafengehen anwenden, damit Ihre Kleidung keine Fettflecken bekommt.

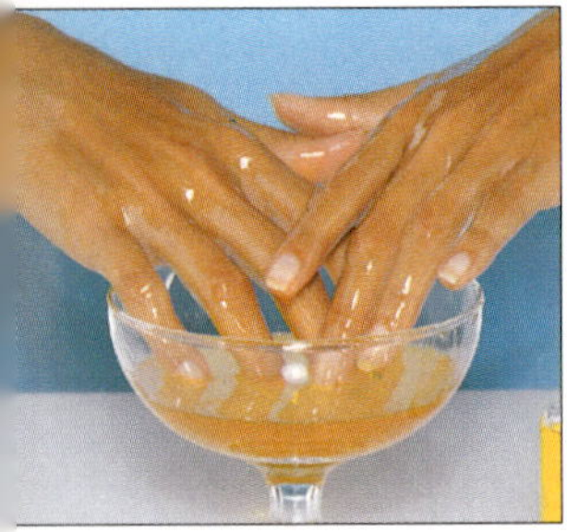

Damit die Fingernägel nicht abbrechen und die Hände schön zart bleiben: mindestens einmal pro Woche ein Olivenöl-Bad.

14. Olivenöl-Bad für zarte Hände und schöne Nägel

Baden Sie Ihre Hände und Fingernägel ein- bis zweimal pro Woche in lauwarmem Olivenöl. Das hilft nicht nur gegen trockene oder rauhe Haut an den Händen, sondern auch gegen brüchige Nägel. Gleichzeitig werden die Fingernägel und die Haut außen herum durch das Öl erweicht, so daß Sie anschließend mit der Maniküre beginnen können.

15. Olivenöl-Eigelb-Packung gegen trockenes Haar

Bei trockenem, durch Sonne und Wind angegriffenem Haar (beispielsweise nach dem Urlaub) wirkt folgende Haarpackung Wunder: Vermengen Sie 1 EL Olivenöl und 1 EL Mandelöl mit 1 EL Honig, 1 EL frischgepreßtem Zitronensaft und 1 Eigelb, massieren Sie diese Packung kräftig in Haare und Kopfhaut ein, und setzen Sie eine Duschhaube auf. Darüber wickeln Sie ein Handtuch; durch die Wärme kann die Packung ihre Wirkung besser entfalten. Lassen Sie diese Packung mindestens eine Viertelstunde lang (noch besser die ganze Nacht über) einwirken. Anschließend wird das Haar gründlich mit Shampoo gewaschen und ausgespült.

Setzen Sie eine Duschhaube auf, und wickeln Sie ein Handtuch darum; dann können die Haarpackungen besser einwirken.

16. Olivenöl-Aspirin-Packung gegen Schuppen

Vermengen Sie 1 EL Olivenöl und 1 EL Rizinusöl mit 10 zu Pulver zerdrückten Aspirintabletten, massieren Sie diese Mischung in die Kopfhaut ein, und lassen Sie sie mindestens fünf Minuten lang einwirken. Dann gründlich mit kühlem Wasser ausspülen und das Haar wie gewohnt mit Shampoo waschen. Das Aspirin lockert und löst die trockenen Hautschuppen auf der Kopfhaut; das Olivenöl gibt dem Haar Glanz und neue Kraft.

17. Olivenöl-Bier-Packung für glänzendes, geschmeidiges Haar

Vermischen Sie 1 EL Olivenöl mit 1 Eigelb, 2 EL Zitronensaft und 1 EL Bier, geben Sie diese Mischung ins Haar, und lassen Sie sie 5 bis 10 Minuten einwirken. Dann das Haar wie üblich waschen.

pura lacrima di affioramento
GALANTINO
frantoio
GALANTINO
EXTRA NATIVES
FERRETTI
ISNARDI
Tenuta
PIETRA PINTA
Olio Extra Vergine di Oliva
Azienda Agricola e Frantoio Ferretti
Cori (LT) Italia
Contenuto 0,750 l e
CORPORAZIONE DEI MASTRI OLEARI
PRODOTTO E CONFEZIONATO IN CORI VIA GRAMSCI, 52
Olio extravergine
0,750 l e

Vom richtigen Umgang mit Olivenöl

Neben der Weinrebe gehört der Olivenbaum *(Olea europea)* zu den ersten Kulturpflanzen der Menschheit. Schon seit Jahrtausenden baut der Mensch Ölbäume an und gewinnt daraus das köstliche, nahrhafte, gesunde Öl. Die ursprüngliche Heimat dieses Baums lag im östlichen Mittelmeerraum; von dort aus verbreitete er sich über Ägypten, Syrien, Kleinasien und Griechenland und schließlich bis nach Italien.

Aus den Dichtungen des Altertums erfahren wir, wie wichtig das Olivenöl schon damals für die Griechen war: Homer berichtet, daß die Kämpfer vor den Olympischen Spielen eine besondere Diät einhalten mußten, die zum größten Teil aus Speisen mit Olivenöl bestand. Und der Komödiendichter Aristophanes beschreibt, daß im alten Griechenland nahezu alle Gerichte mit Olivenöl zuberei-

Schon im Altertum wurden Olivenbäume angebaut. Das Olivenöl war aus der Nahrung und dem täglichen Leben der Menschen nicht wegzudenken.

tet wurden: Fleisch und Gemüse ebenso wie Süßspeisen oder Gebäck. Ohne Olivenöl hätten die Menschen damals nicht leben können, denn es war nicht nur ein wichtiger Bestandteil der täglichen Nahrung, sondern diente auch als Lichtquelle und als Grundstoff für heilende Salben. Deshalb war der Olivenbaum ein Symbol für Wohlstand und Glück, ja er galt sogar als heilig.

Aus Flachrelief-Darstellungen geht hervor, daß die Olive auf Kreta bereits 6000 v. Chr. als Nahrungsmittel diente. Auch in dem um 1900 v. Chr. erbauten Palast von Knossos auf Kreta wurden Olivenkerne gefunden.

Durch die Phönizier und Griechen gelangte der Olivenbaum später auch nach Italien, wo er bald eine ebenso wichtige Rolle spielte. Schon im 1. Jahrhundert v. Chr. florierte in Italien die Oliven- und Ölproduktion; das Öl wurde sogar bis in die Alpenländer exportiert. Auch in Nordafrika baute man Oliven an; an den Küsten entlang verbreitete sich die Olivenbaumkultur von Tunesien über Algerien und Marokko bis nach Spanien und Portugal.

Anbau und Ernte: ein hartes Stück Arbeit

Dank seiner Anspruchslosigkeit kann der Olivenbaum in Regionen angebaut werden, die für alle anderen Formen landwirtschaftlicher Nutzung ungeeignet sind. Sein ausgedehntes Wurzelwerk, das ungefähr 12 m weit und 6 m tief reicht, holt sich auch bei Trockenheit immer noch genügend Wasser aus dem Boden; deshalb kann man den Olivenbaum auch auf trockenen, steinigen Hängen kultivieren, wo sonst nichts mehr wächst. Das Mittelmeerklima ist ideal für ihn, denn er mag im Sommer viel Sonne und hohe Temperaturen und im Winter mäßige Regenfälle. Auch ein paar kalte Tage um 0 °C braucht er für seine Ruhezeit; doch bei Temperaturen unter minus 10 °C stirbt er ab, und auch zuviel Niederschlag und heftigen Wind über längere Zeit verträgt er nicht.

Olivenbäume vertragen auch längere Dürreperioden, tragen dann aber weniger Früchte.

Reife Oliven sind dunkelviolett bis schwarz, unreife oder halbreife haben eine grüne Färbung. Die grünen Speiseoliven werden bereits in unreifem Zustand gepflückt und eingelegt.

Olivenbäume leben lange und lassen sich für alles viel Zeit: Bei Stecklingsbäumen dauert es fünf, bei aus Samen gezogenen Bäumen zehn Jahre, bis sie die ersten Früchte tragen. Erst nach weiteren zehn bis 15 Jahren sind die Erträge so hoch, daß sich die Ernte lohnt. Deshalb pflanzt man einen Olivenbaum nicht für sich selbst, sondern für seine Kinder, Enkel und Urenkel – denn gut gepflegt, kann so ein Baum mehrere hundert Jahre alt werden.

Die hübschen, gelblich-weißen Blüten erscheinen zwischen April und Juni und werden vom Wind bestäubt; bis zum Herbst und Winter reifen dann die Früchte heran. Die grünen und schwarzvioletten Speiseoliven, die man in Lebensmittelgeschäften kaufen kann, gehören übrigens nicht etwa verschiedenen Sorten an, sondern in der Farbe spiegeln sich unterschiedliche Reifegrade wider: Die Früchte färben sich im Laufe des Reifeprozesses zuerst hellgrün und dann dunkelviolett bis schwarz. Das heißt, hellgrüne Speiseoliven werden bereits gepflückt und eingelegt, bevor sie ihre volle Reife erreicht haben.

Olivenbäume blühen zwischen April und Juni. Doch nicht aus jeder Blüte entwickelt sich eine Frucht: Aus rund 100 Blüten wachsen nur ungefähr fünf Oliven heran.

Für die Ölgewinnung läßt man die Oliven aber normalerweise bis kurz vor der Vollreife am Baum, denn reife Oliven ergeben mehr Öl. Geerntet wird in der Regel von Dezember bis Februar oder März.

Mit viel Liebe von Hand gepflückt ...

Die Qualität des Olivenöls hängt nicht zuletzt von der Pflückmethode ab. Die Früchte dürfen bei der Ernte nicht beschädigt werden, denn das würde die Ölqualität mindern; und man kann auch nicht einfach warten, bis sie reif sind und von den Bäumen herunterfallen. Erstens sind sie zu diesem Zeitpunkt schon überreif; zweitens können sie dabei zu leicht verletzt werden, und drittens wird durch zu langen Bodenkontakt ein Fäulnisprozeß in Gang gesetzt, der ebenfalls die Ölqualität verdirbt. In vielen Betrieben werden die Oliven auch heute noch von Hand geerntet; das gilt als Garantie für hochwertiges Olivenöl. Entweder man streift die Oliven mit kleinen Re-

In vielen Betrieben werden die Oliven auch heute noch von Hand gepflückt.

Der durchschnittliche Ertrag eines Olivenbaums beträgt etwa 20 kg Oliven; daraus können 3–5 kg Olivenöl gewonnen werden.

chen von den Zweigen (bei hohen Bäumen muß man dazu auf eine Leiter steigen), oder die Früchte werden mit langen Stangen von den Ästen geschlagen und fallen anschließend in darunter aufgespannte Netze.

Da das ein sehr mühsames, zeitaufwendiges Verfahren ist, werden inzwischen in zunehmendem Maße Rüttelmaschinen eingesetzt, die die Oliven von den Bäumen in die Netze schütteln. Dieses Verfahren ist nicht nur lukrativer, weil die Ernte auf diese Weise viel schneller von der Hand geht; außerdem gelangen die Oliven dadurch auch rascher zur Mühle und können dementsprechend zeitiger verarbeitet werden. Das ist eindeutig ein Vorteil, denn je weniger Zeit zwischen Pflückung und Pressung vergeht, um so besser ist die Qualität des Öls.

Wie das kostbare Olivenöl gewonnen wird

Im Grunde genommen hat sich am Verfahren der Olivenölherstellung seit Jahrtausenden nichts geändert – mit dem einzigen Unterschied, daß inzwischen natürlich

In Olivenanbaugebieten findet man überall Ölmühlen; denn die Oliven müssen nach der Ernte möglichst bald gepreßt werden.

Das Pressen der Oliven in den alten Ölmühlen ist ein mühsames Geschäft.

modernere Geräte dazu eingesetzt werden als früher. Das Prinzip ist aber immer noch das gleiche: Oliven enthalten 15–35 % Öl; der größte Teil davon ist im Fruchtfleisch, einiges auch in den Kernen enthalten. Dieses Öl muß nun durch Pressung aus den Früchten gewonnen werden.

Auch die Olivenkerne sind sehr ölhaltig und werden daher mit gepreßt.

Zu diesem Zweck werden die Oliven nach der Ernte möglichst rasch zur Ölmühle transportiert; denn je mehr Zeit zwischen Pflückung und Pressung der Oliven verstreicht, um so höher ist hinterher der Anteil an freien Fettsäuren in dem gepreßten Öl. Ein zu hoher Anteil an freien Fettsäuren wirkt sich aber nachteilig auf den Geschmack des Olivenöls aus. Deshalb preßt man die Oliven am besten gleich ein paar Stunden nach der Ernte, spätestens aber innerhalb von drei bis vier Tagen. Wie schnell es gehen muß, hängt auch vom Klima ab: In heißen Gegenden fangen die Oliven gleich nach dem Pflücken an zu oxydieren; in kühleren Regionen kann man sich mit dem Pressen ruhig ein bis zwei Tage Zeit lassen.

Mit den alten Schraubenpressen konnte man bei einem einzigen Preßvorgang nur etwa 40 % des Olivenöls gewinnen. Deshalb gab es auch noch eine zweite und eine dritte Pressung, bei der man heißes Wasser über den Olivenbrei goß. Dieses Verfahren (das natürlich die Qualität des Öls verminderte) ist heute dank moderner Hydraulikpressen nicht mehr üblich.

Auch beim Transport der Oliven zur Mühle ist Sorgfalt geboten: Sie dürfen unterwegs nicht verletzt werden, denn sonst kann es zur Fermentation oder gar Schimmelbildung kommen, was sich natürlich ebenfalls negativ auf Geschmack und Qualität auswirkt.

In der Ölmühle werden die Oliven zunächst einmal verlesen: Blätter, Reste von Zweigen und schlechte oder zerquetschte Oliven müssen aussortiert werden. (Manche Hersteller pressen absichtlich ein paar Olivenblätter mit; sie verleihen dem Öl eine schöne grüne Farbe und ein pikantes, leicht bitteres Aroma.) Dann werden die Früchte gewaschen und mitsamt den Kernen zermahlen.

Diese Olivenmasse wird anschließend gepreßt. Was man dadurch erhält, ist aber immer noch kein Olivenöl, sondern eine ziemlich ungenießbare Mischung aus Öl und dem Fruchtwasser der Oliven, das sehr bitter schmeckt. Deshalb muß man nun in einer Zentrifuge noch das Öl vom Fruchtwasser trennen.

Jetzt ist das Öl fertig, wird in den meisten Fällen aber noch ein wenig nachbehandelt: Zum Beispiel lagert man es einige Zeit, damit sich der Bodensatz (Ölschlamm) unten absetzen kann, den man dann beim Umfüllen des Öls regelmäßig entfernt. Zum Schluß wird das Öl in Flaschen abgefüllt; manchmal filtriert man es vorher auch noch. Viele Kenner schwören allerdings auf völlig naturbelassene Öle, die überhaupt nicht nachbehandelt wurden.

Was bedeutet eigentlich „kaltgepreßt"?

Früher wurde das Olivenöl mit Hilfe von Schraubenpressen gewonnen, die aus einem großen Steinblock und einer Schraube bestanden. Sie waren bereits um die Mitte des 1. Jahrhunderts n. Chr. aufgekommen und wurden noch bis ins 20. Jahrhundert hinein im gesamten Mittel-

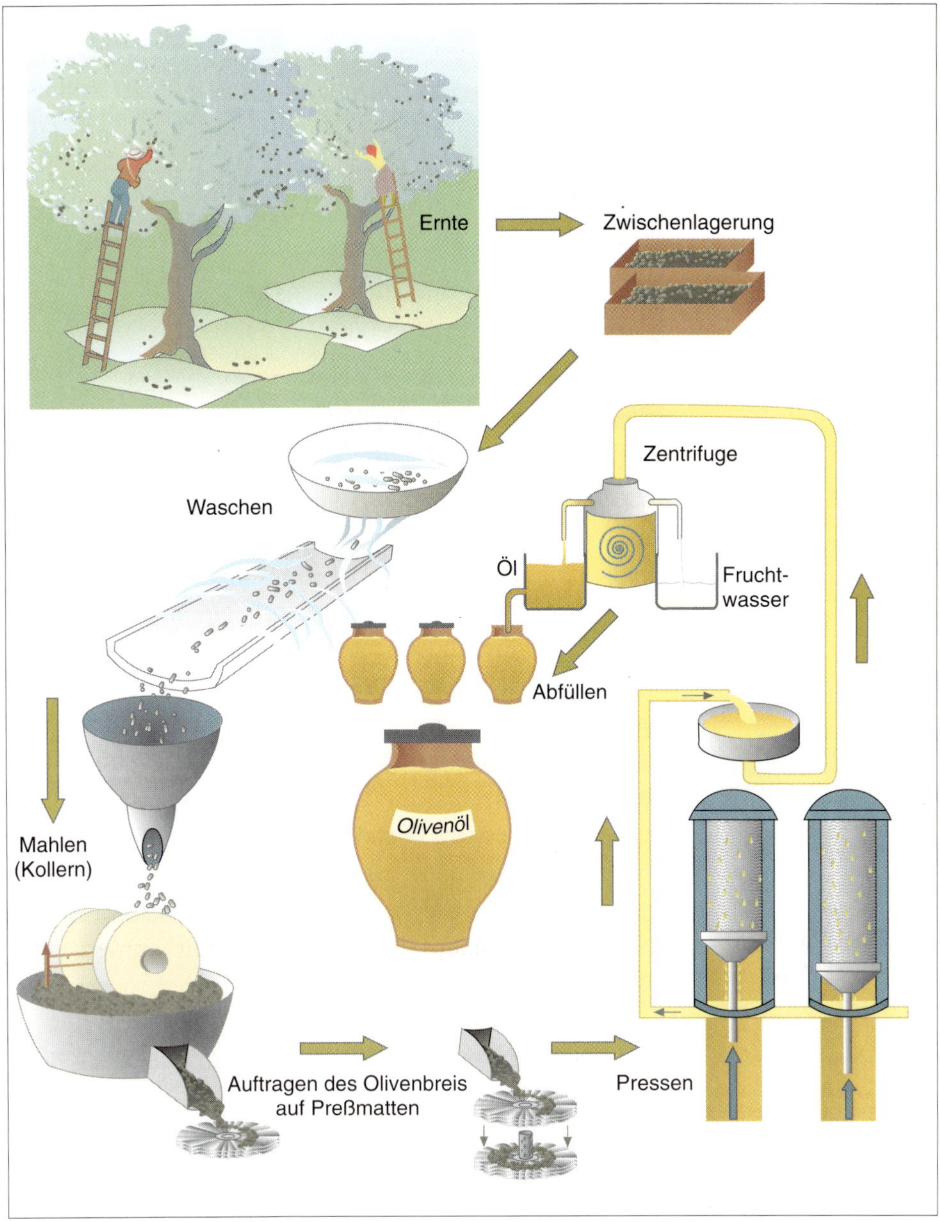

Ernte
Zwischenlagerung
Zentrifuge
Waschen
Öl
Frucht-
wasser
Abfüllen
Olivenöl
Mahlen
(Kollern)
Auftragen des Olivenbreis
auf Preßmatten
Pressen

In vielen kleineren landwirtschaftlichen Betrieben werden so geringe Mengen Olivenöl gewonnen, daß das Öl nur für den Eigenverbrauch und für Freunde, Nachbarn und Verwandte ausreicht.

meerraum verwendet. Das Problem war nur, daß diese Pressen nicht ausreichten, um in einem einzigen Preßvorgang das gesamte Olivenöl aus den Früchten zu gewinnen. Bis zu dreimal mußte man den Olivenbrei pressen, um ihm die kostbaren Tropfen zu entlocken. Bei der zweiten und dritten Pressung goß man heißes Wasser über den Olivenbrei, um das restliche Öl zu gewinnen. Natürlich litt darunter die Qualität des Öls. Deshalb wurde auf den Flaschenetiketten extra vermerkt, ob Olivenöl „aus erster Pressung" stammte beziehungsweise „kaltgepreßt" war; das galt als besondere Qualitätsgarantie. Stammten Öle hingegen aus der „Zweit- oder Drittpressung" (beziehungsweise waren sie „heißgepreßt"), so stand das nicht immer auf dem Etikett.

Unter „kaltgepreßt" versteht man ein rein mechanisch (d. h. ohne Erhitzen und Einsatz chemischer Zusätze) gepreßtes Öl.

Als dann die kräftigeren, modernen hydraulischen Pressen entwickelt wurden, konnte man dem Olivenbrei das Öl in einem einzigen Preßvorgang entziehen. Deshalb gibt es heute nur noch eine einzige, kalte Pressung. Die Hinweise „kaltgepreßt" und „aus erster Pressung" sagen über die Qualität eines Olivenöls also überhaupt nichts aus, weil alle Olivenöle kaltgepreßt sind und aus erster Pressung stammen; trotzdem findet man solche Vermerke nach wie vor auf manchen Flaschenetiketten.

Für die Pressung des Öls gibt es verschiedene Methoden. In traditionellen Ölmühlen werden die Oliven zwischen Mahlsteinen aus Granit zermahlen. Früher wurden diese Mühlen von Tieren angetrieben; inzwischen erfüllen Elektromotoren diese Aufgabe. Das Zermahlen der Oliven zu einem dickflüssigen Brei dauert etwa 25 Minuten und wird auch als „Kollern" bezeichnet.

Anschließend wird der Olivenbrei ungefähr 3 cm dick auf runde Preßmatten aus Pflanzenfasern oder Kunststoff aufgetragen, die in der Mitte ein Loch haben. Man steckt 30 bis 40 Preßmatten übereinander auf ein senkrechtes Rohr, so daß ein Turm entsteht. Dieser Turm wird dann mittels hydraulischer Pressung zusammengedrückt. Die Flüssigkeit aus dem Olivenbrei fließt in die Zentrifuge; das ausgepreßte Fruchtfleisch und die zermahlenen Kerne (der Trester) bleiben auf den Matten zurück. Rund 90 % des Olivenöls sind jetzt ausgepreßt; der Trester und das Olivenwasser werden an eine Raffinerie geliefert, die die restlichen 10 % für industrielle Zwecke (beispielsweise als Brenn- und Maschinenöl) gewinnt.

Die meisten Pflanzenöle sind raffiniert und daher ziemlich geschmacksneutral. Ein eigenes Aroma (und viel mehr wertvolle Inhaltsstoffe) haben lediglich die kaltgepreßten, nicht raffinierten Öle wie z. B. natives Olivenöl, Weizenkeim-, Lein-, Traubenkern-, Kürbiskern-, Sesam-, Haselnuß- und Walnußöl.

Diese traditionelle Methode, bei der die Oliven mit Granitsteinen zermahlen werden, wird mittlerweile aber immer seltener angewandt. Inzwischen hat man verschiedene modernere, zeitsparendere (und damit natürlich auch lukrativere) Methoden entwickelt: In manchen Ölmühlen werden die Oliven mit Hammerschlag und Messer zerkleinert, in anderen wird das Öl durch Zentrifugieren direkt vom Olivenbrei getrennt.

Welches Herstellungsverfahren die bessere Qualität garantiert, ist eine Glaubensfrage und wird unter den

Produzenten heiß diskutiert: Natürlich hält jeder seine Methode für die beste. Erzeuger, die noch nach dem alten Verfahren arbeiten, weisen auf ihren Etiketten mit dem Vermerk „traditionelle Methode“ darauf hin. Die Verfechter modernerer Verfahren hingegen führen ins Feld, daß die Früchte viel schneller aufgemahlen werden können, im Gegensatz zum traditionellen Mahlvorgang nicht mit Luft in Berührung kommen und daher auch keiner Oxydation ausgesetzt sind – ein klarer Qualitätsvorteil.

Die Vorteile der Kaltpressung

Bei Olivenöl sagt der Begriff „kaltgepreßt“ nichts aus.

Im Hinblick auf Olivenöl sagt der Begriff „kaltgepreßt“, wie wir inzwischen gesehen haben, nichts aus, weil alle Olivenöle kaltgepreßt sind. Das gilt jedoch nicht für andere Pflanzenöle. Mit „Kaltpressung“ ist ein rein mechanischer Preßvorgang ohne Erhitzen und ohne Einsatz von chemischen Zusätzen wie beispielsweise Lösungsmitteln gemeint. Die meisten Speiseöle werden jedoch nicht kaltgepreßt, da der Kaltpressungsvorgang für die Massenproduktion viel zu kostspielig ist. Man gewinnt sie entweder unter Einsatz hoher Temperaturen (ungefähr 100 °C) oder durch Extraktion mit Hilfe chemischer Lösungsmittel, die hinterher mit Wasserdampf wieder entfernt werden. Auf diese Weise ist die Ölausbeute größer, und das Öl ist daher auch wesentlich billiger; aber leider ist es vollkommen geschmacklos.

Das Rohöl, das durch hohe Temperaturen oder Extraktion gewonnen wird, enthält einige gesundheitsschädliche oder übelschmeckende Substanzen wie beispielsweise Aldehyde, Ketone, Schleimstoffe und Wachse. Diese müssen durch ein aufwendiges Reinigungsverfahren, die Raffination, erst wieder aus dem Öl entfernt werden, ehe man es genießen kann. Unter anderem werden die Öle entschleimt, entfärbt und desodoriert, das heißt, von sämtlichen unangenehmen Geruchs- und Geschmacksstoffen befreit.

Was dabei am Ende übrigbleibt, ist ein nahezu farbloses, geruchs- und geschmacksneutrales Öl, aus dem leider auch ein Großteil der wertvollen Inhaltsstoffe des pflanzlichen Ausgangsmaterials verschwunden ist: Solche Öle enthalten viel weniger Vitamin E und Karotin als ein durch schonende Kaltpressung gewonnenes Produkt wie beispielsweise das Olivenöl. Der niedrigere Preis geht also mit einer großen Qualitätseinbuße einher.

Inzwischen verwendet man statt „kaltgepreßt" lieber den Begriff „nativ". Denn schließlich erreichen solche mechanisch gepreßten Öle während des Preßvorgangs immerhin auch eine Temperatur von bis zu 40 Grad, so daß die Bezeichnung „kaltgepreßt" ein wenig irreführend ist.

In welchen Ländern wird am meisten Olivenöl produziert?

Die wichtigsten Olivenölerzeuger sind nach wie vor die Mittelmeerländer, in denen schließlich auch die Wiege des Olivenbaums stand: Von den rund 800 Millionen Olivenbäumen, die es auf der Welt gibt, entfallen über 80 % auf das Mittelmeergebiet, vor allem auf die EU-Länder Spanien, Italien, Portugal, Griechenland und Frankreich, die rund 70 % der weltweiten Olivenölproduktion bestreiten.

Die wichtigsten olivenölerzeugenden Länder (in der Reihenfolge der produzierten Menge):
Spanien
Italien
Griechenland
Tunesien

Die größten Produzenten sind Spanien und Italien: Sie bringen es jeweils auf 500 000 bis 600 000 Liter pro Jahr. **Spanien** liegt bei diesem Kopf-an-Kopf-Rennen meistens an der Spitze, denn dort ist das Klima heiß und trocken, und es gibt weite, freie Flächen, in denen sich im Sommer die Hitze staut – die beste Garantie für ergiebige Ernten. Das wichtigste Anbaugebiet ist Andalusien; doch auch das katalonische Olivenöl ist sehr gut. Daß das spanische Olivenöl bei uns keinen so überragenden Ruf genießt wie das italienische, hängt damit zusammen, daß immer noch ein großer Teil des spanischen Olivenöls nach Italien exportiert wird. Erst in letzter Zeit sind einige spanische Produzenten dazu übergegangen, ihre Öle selbst abzufüllen und unter ihrem eigenen Firmennamen zu vertreiben.

Mit einem Anteil von über 20 % an der gesamten italienischen Olivenölproduktion liegt Apulien als Anbaugebiet eindeutig an der Spitze.

Die meisten Menschen denken, wenn sie das Wort „Olivenöl“ hören, wahrscheinlich sofort an **Italien**, vielleicht auch an die Toskana. Das toskanische Olivenöl steht in dem Ruf, besonders gut zu sein – wahrscheinlich, weil dort besonders viel extra natives Öl (das qualitativ hochwertigste Olivenöl) produziert wird. Teilweise ist der ausgezeichnete Ruf des toskanischen Olivenöls aber wahrscheinlich auch schlicht und einfach auf cleveres Marketing zurückzuführen, denn schließlich entfallen nur knappe 3 % der gesamten italienischen Olivenölproduktion auf die Toskana. Beliebt sind auch die Öle aus Ligurien und vom Gardasee. Die größten Anbaugebiete liegen jedoch im Süden Italiens: Apulien und Kalabrien bestreiten zusammen ungefähr 70 % der italienischen Olivenölproduktion; der Rest stammt aus Sizilien und Kampanien.

Den dritten Platz belegt **Griechenland**. In weiten Teilen Griechenlands prägen Olivenhaine das Landschaftsbild. Das bekannteste Anbaugebiet ist der Peloponnes, wo übrigens auch hervorragende, fleischige Speiseoliven gedeihen. Auch auf den griechischen Inseln wird viel Olivenöl produziert – auf Kreta sogar schon seit minoischer Zeit. Trotzdem genießt auch das griechische Olivenöl keinen besonderen Ruf und ist bei uns in den Regalen der Feinkostgeschäfte viel seltener zu finden als das italienische. Das liegt zum einen daran, daß die Griechen einen großen Teil ihres Olivenöls selbst verbrauchen: Der Eigenverbrauch liegt bei 20 Litern pro Kopf, und damit ist Griechenland im Vergleich zu anderen Mittelmeerländern der absolute Spitzenreiter. Noch wichtiger aber ist die Tatsache, daß der größte Teil des griechischen Olivenöls nach Italien exportiert wird.

Jedes Jahr werden rund 60 000 Tonnen griechisches Olivenöl nach Italien exportiert.

Der viertgrößte Olivenölproduzent der Welt ist **Tunesien**. Das tunesische Olivenöl (das für die Wirtschaft des Landes eine wichtige Rolle spielt) wird ebenfalls zum großen Teil exportiert, und zwar zu 50 % in Nicht-EU-Länder. Auch Marokko, Algerien, Libyen und die Türkei produzieren Olivenöl.

Einen relativ kleinen Anteil an der weltweiten Olivenölproduktion haben **Frankreich** und **Portugal**. Das portugiesische Olivenöl wird größtenteils im Inland verbraucht. Das gilt auch für Frankreich: Zwar ist die Qualität des in der Provence gewonnenen Olivenöls hervorragend; doch der größte Teil davon wird von kleinen Bauernbetrieben erzeugt und an Privatkunden oder an die Küchenmeister der Luxusrestaurants an der Côte d'Azur verkauft.

Nur etwa 5 % der in der EU erzeugten Olivenöle stammen aus Frankreich.

Auch in den USA wird mittlerweile Olivenöl produziert, und zwar in **Kalifornien**. Noch bis vor kurzem baute man dort hauptsächlich Speiseoliven an; lediglich Fallfrüchte und Oliven, die sich nicht zum Einlegen eigneten, wurden zu Olivenöl von entsprechend minderer Qualität verarbeitet. Doch in letzter Zeit hat sich das geändert.

Woran man gute Qualität erkennt

Die Qualität eines Olivenöls hängt von vielen verschiedenen Faktoren ab: von der Olivensorte, der richtigen Pflege der Bäume, Klima und Bodenbeschaffenheit der Region, in der das Öl erzeugt wurde, Zeitpunkt und Methode der Ernte, und, und, und ... Wenn die Oliven zum Zeitpunkt der Pressung überreif waren oder nach der Ernte zu lange oder falsch gelagert wurden, leidet die Ölqualität – ebenso, wenn die Früchte von der Olivenfliege angestochen wurden.

All diese Faktoren kann man als Verbraucher natürlich nicht überprüfen. Aber damit man nun im Lebensmittel- oder Feinkostgeschäft nicht völlig ratlos vor dem Regal mit den Olivenölen steht und sich fragt, welches man denn nun wählen soll, um wirklich eine gute Qualität zu

Welches Öl soll man wählen, woran erkennt man gute Qualität? Die Entscheidung ist für den „Olivenöl-Neuling“ nicht einfach. Als Orientierungshilfe hat die EU die Olivenöle in unterschiedliche Güteklassen eingeteilt.

bekommen, hat die Europäische Union die Olivenöle in verschiedene Güteklassen eingeteilt. Als Kriterien dienen dabei Geschmack, Geruch und der Gehalt an freien Fettsäuren. Normalerweise sollen die Fettsäuren im Olivenöl nicht in freier Form vorkommen, sondern an andere Stoffe gebunden sein. Unter bestimmten Umständen – zum Beispiel, wenn die Oliven bei der Ernte beschädigt werden – werden jedoch Fettsäuren frei, was zu einem unangenehm „kratzigen“ Aroma führt. Das heißt: Je niedriger der Gehalt an freien Fettsäuren, um so besser ist die Qualität – und um so teurer ist natürlich auch das Öl. Außer den verschiedenen Güteklassen gibt es noch eine ganz spezielle Olivenöl-Art, die als besondere Delikatesse gilt: das Tropföl oder Tröpfchenöl (italienisch: affiorato). Hierbei handelt es sich um ein Olivenöl, das frei (d. h. vor dem eigentlichen Preßvorgang) abgelaufen ist – einzig und allein durch den Druck, den das Eigengewicht der Oliven erzeugt.

Inzwischen hat man die Möglichkeit, bei Olivenölen mit Hilfe chemischer Tests den Gehalt an freien Fettsäuren zu ermitteln. Je geringer er ist, um so besser ist die Qualität des Öls!

Das sehr hochwertige Tropföl wird nur in geringen Mengen gewonnen, es ist eine Rarität und hat deshalb natürlich auch seinen Preis. Aus diesem Grund sollte man es sich für besondere Gerichte aufheben, bei denen sein edles Aroma auch wirklich zur Geltung kommt.

„Natives Olivenöl extra“:

- *italienisch: olio extra vergine di oliva*
- *spanisch: aceite de oliva virgen extra*
- *französisch: huile d’olive vierge extra*
- *griechisch: agno partheno eleolado*

„Natives Olivenöl“

- *italienisch: olio vergine di oliva*
- *spanisch: aceite de oliva virgen*
- *französisch: huile d’olive vierge*
- *griechisch: partheno eleolado*

„Olivenöl“

- *italienisch: olio di oliva*
- *spanisch: aceite de oliva*
- *französisch: huile d’olive*
- *griechisch: eleolado*

Gehalt an freien Fettsäuren: höchstens 1,5 g pro 100 g Öl

Die wichtigsten Güteklassen

▶ Natives Olivenöl extra

Das ist die beste Olivenölqualität, die es gibt: gepreßtes Olivenöl, dessen Gehalt an freien Fettsäuren höchstens 1 g pro 100 g Öl (also 1 %) beträgt. Auch Geschmack, Geruch und Farbe müssen beim Test für einwandfrei befunden werden.

▶ Natives Olivenöl

Auch dieses Öl ist immer noch von sehr guter Qualität. Es handelt sich um gepreßtes Olivenöl von einwandfreiem Geschmack und Geruch und einwandfreier Farbe, dessen Gehalt an freien Fettsäuren höchstens 2 % betragen darf.

▶ Olivenöl

Ist der Geschmack nicht einwandfrei oder der Anteil an freien Fettsäuren höher als 2 %, so darf dieses Öl nicht mehr als „natives Olivenöl“ oder „natives Olivenöl extra“ bezeichnet werden. Meist wird solches Olivenöl raffiniert. Da es durch den Raffinationsprozeß aber geschmacks- und geruchsneutral wird, vermischt man es anschließend mit nativem Olivenöl, damit es wieder den typischen Geschmack erhält. Solche Öle werden unter der Qualitätsbezeichnung „Olivenöl“ verkauft und häufig in Supermärkten und Warenhäusern zu recht günstigen Preisen angeboten. Da der Prozentsatz an nativem Öl jeweils unterschiedlich ist, variieren diese Öle natürlich auch im Geschmack.

Außerdem bieten einige Hersteller aromatisierte Öle (mit Orangen-, Zitronen- oder Pampelmusenaroma) an. Solche Öle werden hergestellt, indem man dem Preßgut einen Anteil an Zitronen, Grapefruits oder Orangen aus biologischem Anbau beimischt.

Natives Olivenöl enthält mehr Vitamin E als raffiniertes Olivenöl, ist also nicht nur von der Qualität her besser, sondern auch gesünder.

Das D.O.C.: ein zuverlässiges Gütesiegel

Viele Erzeuger von hochwertigem Olivenöl sind natürlich daran interessiert, die Qualität ihres Öls durch Nennung von Olivensorte und Herkunftsregion auszuweisen, um es von minderwertigeren Produkten abzuheben. Zu diesem Zweck wurde bereits vor etlichen Jahren ein Qualitätssiegel eingeführt: das D.O.C. Die Abkürzung steht für „Denominazione di origine controllata". (In Frankreich heißt es „Appellation d'Origine contrôlée", kurz „A.O.C.", auf spanisch „Denominación de Origen" und auf portugiesisch „Denominação de Origem".)

Nur ganz bestimmte Anbauzonen, in denen besonders hochwertiges Öl erzeugt wird, dürfen sich mit diesem Etikett schmücken. Es garantiert dem Verbraucher, daß das Öl auch tatsächlich aus der ausgewiesenen Region stammt und ausschließlich aus anerkannten Olivensorten hergestellt wurde. Kontrolleure und professionelle Verkoster sorgen dafür, daß die Qualität stimmt und die Anweisungen bezüglich Anbau, Ernte und Pressung genau eingehalten werden.

Bei D.O.C.-Ölen der Qualität „extra nativ" ist der Gehalt an freien Fettsäuren besonders niedrig: Statt des normalerweise zugelassenen 1 % werden nur 0,6 % akzeptiert.

Qualität hat ihren Preis

Ein Olivenbaum muß viele Jahre lang mit liebevoller Sorgfalt gepflegt werden, ehe er die erste lohnende Ernte erbringt. Und die ist nicht etwa überwältigend: Rund

Die Qualität eines Olivenöls hängt großenteils von der fachgerechten Baumpflege und der richtigen Behandlung der Früchte während und nach der Ernte ab. Beides kostet viel Zeit. Deshalb ist gutes Olivenöl nicht billig.

20 kg Oliven liefert ein Baum pro Ernte – das ergibt etwa 3 bis 5 Liter Öl. Rechnet man nun auch noch den Zeitaufwand beim Pflücken und bei der Verarbeitung der Oliven hinzu, so liegt auf der Hand, daß Olivenöl von wirklich guter Qualität nicht billig sein kann. Entdeckt man doch einmal irgendwo ein „Schnäppchen", so sollte man skeptisch sein: Denn unseriöse Geschäftemacher gibt es überall, und auch beim Olivenöl geht nicht immer alles mit rechten Dingen zu.

So geht zum Beispiel aus den vom Consiglio Oleicolo Internazionale in Madrid vorgelegten Statistiken über Olivenölproduktion und -konsum hervor, daß im Jahr 1994 weltweit 1 756 200 Tonnen Olivenöl produziert wurden. Der Verbrauch belief sich im selben Jahr aber auf 1 891 200 Tonnen! Glaubt man nicht an ein biblisches Wunder, bei dem Wasser in Olivenöl verwandelt wurde, so geht aus diesen Zahlen eindeutig hervor: Nicht nur beim Wein wird gepanscht! Auch unter den Olivenölproduzenten gibt es viele schwarze Schafe, die Olivenöl mit anderem Öl „verlängern" (oder Öl der Qualität „extra nativ" mit minderwertigerem Olivenöl vermischen) – und nicht immer wird der Schwindel entdeckt.

Auch ein Etikett in italienischer Sprache auf der Olivenölflasche besagt noch lange nicht, daß es sich auch wirklich um italienisches Öl handelt. Italienische Erzeuger importieren nämlich ziemlich viel Olivenöl aus anderen Ländern (beispielsweise Spanien, Griechenland oder Tunesien), füllen es dann in Flaschen ab und verkaufen es als teures italienisches Öl – damit machen sie sich den besonders guten Ruf zunutze, den Olivenöl aus Italien (und speziell aus der Toskana) immer noch genießt.

Das bedeutet zwar nicht, daß solches Öl unbedingt von minderer Qualität sein muß – aber aus Italien stammt es jedenfalls nicht. Wer ganz sichergehen will, muß genau aufs Etikett schauen: Der Vermerk „prodotto e messo in bottiglia da …" (produziert und abgefüllt von …) bedeutet, daß es sich wirklich um italienisches Olivenöl handelt; „produziert und abgefüllt für …" hingegen besagt nicht unbedingt, daß das Öl auch aus Italien stammt, sondern nur, daß es dort abgefüllt wurde.

Nicht nur beim Wein, sondern auch beim Olivenöl kommen immer wieder Panschereien und andere unerlaubte Praktiken vor.

Auch vor anderen üblen Tricks schrecken manche gewissenlose Olivenölproduzenten nicht zurück: So ergeben beispielsweise Oliven, die man vor dem Pressen in die Sonne oder in heißes Wasser gelegt hat, mehr Öl – aber natürlich von minderer Qualität. Nicht immer schützt ein hoher Preis den Verbraucher automatisch vor solchen Machenschaften – aber eine gewisse Qualitätsgarantie bietet er (vor allem in Kombination mit dem D.O.C.-Gütesiegel) eben doch. Bedenkt man, wie ergiebig Olivenöl ist, so sollte einem das Geld nicht zu schade sein. Für eine gute Flasche Wein gibt man es ja schließlich auch aus – und die überlebt häufig nicht einmal den Abend, an dem sie angebrochen wurde.

Olivenöl ist in der Küche äußerst vielseitig verwendbar

Dank seines hohen Gehalts an einfach ungesättigten Fettsäuren und Vitamin E ist Olivenöl äußerst hitzestabil, so daß man es – was viele Verbraucher nicht wissen – auch zum Garen bei hohen Temperaturen, also zum Braten und Backen, ja sogar zum Fritieren verwenden kann.

Das Vitamin E und der hohe Anteil an einfach ungesättigten Fettsäuren machen das Olivenöl äußerst hitzebeständig, so daß es sich auch zum Garen bei hohen Temperaturen eignet.

Im ersten Kapitel dieses Buches haben wir erfahren, daß Vitamin E und einfach ungesättigte Fettsäuren äußerst wirkungsvolle Antioxydanzien sind: das heißt, sie schützen unsere Zellwände vor schädlichen Oxyda-

Als Faustregel gilt: Je höher der Anteil an mehrfach ungesättigten Fettsäuren in einem Öl, um so instabiler ist es, und um so weniger eignet es sich zum Garen bei hohen Temperaturen, also z. B. zum Braten oder Fritieren. Distel- und Walnußöl sind zum Braten am schlechtesten geeignet.

tionsprozessen. Mehrfach ungesättigte Fettsäuren sind viel anfälliger für oxydative Schäden als einfach ungesättigte. In den Ölen selbst haben diese Fettsäuren die gleiche Wirkung wie in unserem Organismus: Öle mit einem hohen Anteil an mehrfach ungesättigten Fettsäuren (wie beispielsweise Distelöl, Kürbiskern- oder Traubenkernöl) oxydieren – vor allem unter Einwirkung von Wärme, Licht und Sauerstoff – leichter und werden dann ranzig, sind also nicht so lange haltbar wie Olivenöl.

Durch Erhitzen beschleunigt sich dieser Zersetzungsprozeß noch. Deshalb eignen Öle mit einem hohen Anteil an mehrfach ungesättigten Fettsäuren sich längst nicht so gut zum Garen bei hohen Temperaturen wie das Olivenöl: Denn dabei werden leicht Oxydationssubstanzen frei, die krebserregend sein können.

Wichtig: den Rauchpunkt vermeiden!

Zum Glück gibt es ein warnendes Anzeichen, an dem man erkennen kann, ob in einem Öl beim Erhitzen bereits schädliche Zersetzungsprozesse ablaufen: Wenn das Öl in der Pfanne zu rauchen beginnt und einen unangenehm beißenden Geruch verströmt, hat man die Gartemperatur zu hoch eingestellt, und der Oxydationsprozeß ist bereits in vollem Gange. Dieses Öl sollte man dann nicht mehr verwenden (oder zumindest sofort die Temperatur herunterdrehen und die Pfanne kurz von der Herdplatte nehmen), denn es schadet nicht nur der Gesundheit, sondern hat zu diesem Zeitpunkt auch bereits sein Aroma eingebüßt und einen strengen, leicht bitteren Geschmack entwickelt. Außerdem kann es sich – wie jedes Öl – natürlich auch entzünden, wenn es zu heiß wird.

Bei welcher Temperatur der Rauchpunkt eines Öls liegt, hängt von seiner Fettsäurenzusammensetzung ab und ist daher von Öl zu Öl verschieden. Bei Olivenöl liegt der Rauchpunkt aber deutlich höher als bei den Ölen, die einen großen Anteil an mehrfach ungesättigten Fettsäuren haben.

Öle der Qualität „natives Olivenöl" und „natives Olivenöl extra" kann man bis auf 180 °C erhitzen; sie sind daher gut zum Dünsten, Schmoren und Backen, ja sogar zum schonenden Braten geeignet. (Die Temperatur beim Braten beträgt in der Regel 180 bis 190 °C.) Öle der Qualität „Olivenöl" (also eine Mischung aus raffiniertem und nativem Olivenöl) können sogar bis auf 210 °C erhitzt werden; sie eignen sich somit noch besser zum Braten und auch zum Fritieren.

Natives Olivenöl und natives Olivenöl extra: erhitzen bis auf 180 °C

Olivenöl: erhitzen bis auf 210 °C

Welches Öl eignet sich am besten für welchen Zweck?

Da das edle Aroma von nativem Olivenöl und nativem Olivenöl extra bei Garvorgängen mit höheren Temperaturen zum großen Teil verlorengeht, wird man zum Backen und Braten in der Regel eher ein preisgünstigeres Öl der Qualität „Olivenöl" wählen (das für solche Zwecke durchaus genügt) und sich die erlesenen Olivenöle der Spitzenqualität lieber für kalte oder bei niedrigeren Temperaturen gegarte Gerichte aufheben.

Ebenso wäre es Verschwendung, ein Olivenöl der Spitzenqualität für ein Gericht zu verwenden, das einen so starken Eigengeschmack hat, daß das Aroma des Öls darin untergeht. Auch für solche Gerichte reicht die Qualität „Olivenöl" ohne weiteres aus. Natives Olivenöl und natives Olivenöl extra reserviert man am besten für Gerichte, bei denen das Eigenaroma dieses Öls optimal zur Geltung kommen kann (und soll): also beispielsweise

- für Salate und andere Rohkostgerichte,
- für kalte oder nur leicht gedünstete Gemüse,
- zum Beträufeln eines Carpaccios,
- zum Einlegen von Schafs- oder Ziegenkäse, Gemüse oder Pilzen,
- zum Würzen von Suppen und Saucen,
- für Nudelgerichte, bei denen das Olivenöl die wichtigste geschmacksgebende Komponente ist.

Ein guter „Kompromiß" besteht darin, für den eigentlichen Garvorgang das billigere Öl der Qualität „Olivenöl" zu nehmen und dem Gericht dann kurz vor dem Servieren mit ein paar Spritzern nativem Olivenöl oder nativem Olivenöl extra den letzten Pfiff zu geben.

Lagerung und Haltbarkeit

Olivenöl sollte aufrecht stehend, kühl (bei einer Temperatur von etwa 10–16 ° C) und dunkel gelagert werden. (Meist wird es bereits in dunkle Flaschen abgefüllt.) Wenn man es im Kühlschrank aufbewahrt, flockt es aus, und man muß es dann erst eine Zeitlang in der Küche stehen lassen, bis es wieder Zimmertemperatur erreicht hat, ehe man es verwenden kann. (Die Qualität leidet darunter jedoch nicht.) Angebrochene Flaschen sollte man nach Gebrauch immer wieder gut verschließen, damit Duft und Geschmack des Öls nicht verlorengehen.

Kühl (10–16 °C) und dunkel gelagert, hält Olivenöl sich mindestens ein Jahr lang ohne Geschmackseinbuße.

Dank seines hohen Gehalts an einfach ungesättigten Fettsäuren hält das Öl sich bei vorschriftsmäßiger Lagerung vom Datum der Abfüllung an ungefähr ein Jahr lang ohne nennenswerte Geschmackseinbuße. (Das Mindesthaltbarkeitsdatum sollte auf dem Flaschenetikett angege-

Grillen und Braten mit Olivenöl

- Zum Braten oder Grillen sollte man kein besonders würziges Olivenöl verwenden, da der Geschmack durch das Erhitzen noch intensiver wird.
- Fleisch wird vor dem Braten mit Küchenkrepp abgetupft. Salzen sollte man es erst nach dem Braten (einzige Ausnahme: paniertes Fleisch), da es sonst trocken wird.
- Lamm- und Schweinekoteletts und Rindersteaks werden zarter und schmecken besonders würzig, wenn man sie vor dem Braten ein paar Stunden lang in einer Mischung aus Olivenöl und verschiedenen Kräutern und Gewürzen (z. B. Pfeffer, Knoblauch, Thymian) mariniert.
- Falls man das Fleisch nicht marinieren möchte, sollte man es vor dem Braten oder Grillen mit Olivenöl einpinseln, damit es saftiger bleibt.
- Ehe man das Olivenöl in die Pfanne gibt, sollte man sie erst einmal gut erhitzen. Dann das Olivenöl hineingeben, auf 180 °C erhitzen und erst zum Schluß das Bratgut hineinlegen. (Auf diese Weise verhindert man, daß das Bratgut am Pfannenboden festklebt.)
- Während des Bratens darf man kein kaltes Öl zugeben, sonst wird das Bratgut trocken.
- Öl darf niemals in der geschlossenen Pfanne erhitzt werden, da es sich dabei entzünden kann.

Schmoren in Olivenöl

- Zunächst das Fleisch im Topf oder in der Pfanne unter Zugabe von nur wenig Olivenöl durch Erhitzen anbräunen; dabei entsteht eine braune Kruste, die die Basis für eine aromatische Sauce bildet.
- Nach dem Anbräunen Gemüse und Brühe, Wein oder eine andere Flüssigkeit (je nach Rezept) hinzufügen und den Braten bei 100 °C im geschlossenen Topf oder in der geschlossenen Pfanne langsam weitergaren; zwischendurch öfters wenden.

Sautieren in Olivenöl

- Beim Sautieren werden dünn geschnittene Fleisch- oder Fischstücke oder Pilze in einer Schwenkpfanne (Stielkasserolle) kurz in mittelheißem Olivenöl angebraten. Gewürzt wird erst nach dem Garen.

Fritieren in Olivenöl

- Zum Fritieren verwendet man die Qualität „Olivenöl“, da man sie bis auf 210 °C erhitzen kann.
- Das Fritiergut wird gründlich abgetrocknet und bei einer Temperatur von 170–200 °C schwimmend in kleinen Mengen ausgebacken. (Temperaturprobe: Man taucht einen Holzlöffelstiel ins Öl. Wenn sich dabei Bläschen bilden, so ist das Öl heiß genug.)
- Man kann Olivenöl bis zu zehnmal hintereinander zum Fritieren verwenden, ohne daß schädliche Oxydationssubstanzen entstehen; allerdings sollte man es nach dem Fritieren jedesmal filtern.

Salate mit Olivenöl anmachen

- Olivenöl, das man für Salatsaucen verwendet, sollte Zimmertemperatur haben, da es dann sein Aroma am besten entfaltet und sich außerdem auch am raschesten mit den anderen Zutaten verbindet.
- Olivenöl stets sparsam verwenden; Salate nicht in dem Öl „schwimmen“ lassen!
- Man gibt das Olivenöl am besten erst kurz vor dem Servieren über den Salat, damit er nicht zusammenfällt.
- Am besten schmecken schlichte Salatdressings mit Olivenöl und Essig oder mit Olivenöl und Zitronensaft, dazu Salz und Pfeffer und eventuell noch ein paar Kräuter und Gewürze sowie etwas Knoblauch. Auf diese Weise kommt das Aroma des Olivenöls optimal zur Geltung.

ben sein.) Olivenöl guter Qualität kann man getrost auch noch ein paar Monate länger aufbewahren, doch beginnt es dann an Aroma zu verlieren. Aber in der Regel verbraucht man dieses köstliche Öl in der Küche ohnehin innerhalb von ein paar Monaten, so daß man sich über eine längere Lagerung keine Gedanken zu machen braucht!

Die Qual der Wahl: Für welches Öl soll man sich entscheiden?

Auch das Erntejahr entscheidet über das Aroma eines Olivenöls; ähnlich wie beim Wein schmeckt bei den Ölen der Spitzenqualität jeder Jahrgang ein bißchen anders.

Olivenöl gibt es in einer ähnlichen Vielfalt an Geschmacksrichtungen wie Wein. Immerhin gibt es über 100 verschiedene Olivenbaumarten, die Früchte mit unterschiedlichem Aroma hervorbringen. Auch ist der Geschmack des Olivenöls von zahlreichen anderen Faktoren (Boden, Klima, Reifegrad der Früchte, usw.) abhängig. Von süß und fruchtig über würzig-pikant bis hin zu nussig, grasig, ja sogar pfeffrig-scharf reicht die Geschmackspalette. Kenner beschreiben Olivenöle sogar mit Attributen wie „schokoladig", „erdig" „mit Kräuteraroma" oder „Nachgeschmack von tropischen Früchten"; so unterschiedliche Geschmacksnuancen wie Zitrone, Apfel, Tomate, Birne, ja sogar Mandel und Avocado schmeckt ihr Gaumen beim Verkosten von Olivenölen heraus.

Der Anfänger allerdings ist eher verwirrt, wenn er vor einer Batterie verschiedener Olivenölflaschen steht und nun rätselt, für welches er sich entscheiden soll. Denn Geschmacksrichtung und empfohlene Verwendung in der Küche sind auf den Flaschenetiketten nur selten angegeben; und auch die Verkäufer in den Lebensmittelgeschäften kennen sich leider nicht immer so gut aus, daß sie den Käufer bei der Wahl des für ihn „richtigen" Olivenöls wirklich fachkundig beraten können.

Junge Olivenöle sind in der Regel sehr geschmacksintensiv; erst mit zunehmendem Alter werden sie milder. Ein ganz junges Öl, das gerade frisch von der Presse kommt, hat ein pfeffriges Aroma; es kratzt im Hals, was Kenner als Beweis für Frische und Qualität werten.

Deshalb probiert man am besten verschiedene Öle aus, bis man dasjenige gefunden hat, das einem am ehesten zusagt. So wird man mit der Zeit ganz von selbst zum Olivenölkenner, ähnlich wie man sich einen geschulten Gaumen zur Beurteilung von Wein ja auch nur nach und nach durch Probieren verschiedener Sorten erwerben kann. Am besten, man kauft zum Ausprobieren kleine Flaschen ($^1/_4$ oder $^1/_2$ Liter) und legt sich auf diese Weise im Laufe der Zeit eine Sammlung verschiedener Öle an; denn es gibt die unterschiedlichsten Aromen, die sich natürlich auch für jeweils verschiedene Speisen eignen. Ein Olivenöl, das gut zu einem ganz bestimmten Salat paßt, muß nicht unbedingt auch für ein Fischgericht geeignet sein. Als Faustregel gilt: Für Speisen mit sehr feinem, subtilem Aroma eignet sich kein würziges oder sonstiges geschmacksintensives Öl, weil das Aroma des Gerichts darin „untergehen" würde. Andererseits verträgt ein herzhaftes Gericht schon ein Olivenöl mit einem entsprechend kräftigen Eigengeschmack.

Nicht immer kann der Verkäufer im Lebensmittelladen oder Feinkostgeschäft den Käufer sachkundig beraten. Also ist Experimentieren angesagt: Am besten, man probiert – ähnlich wie beim Wein – nach und nach verschiedene Öle selber aus und entwickelt sich dadurch mit der Zeit zum Kenner.

So können Sie Olivenöl in Ihren täglichen Speiseplan einbauen

- Ein paar Tropfen Olivenöl, nach dem Kochen in eine Sauce gegeben, veredeln das Aroma.
- Olivenöl mit etwas Zitronensaft oder frischen Kräutern ergibt eine hervorragende Sauce für gegrilltes Fleisch, gegrillten Fisch oder Pasta.
- Wenn Sie immer eine kleine Karaffe besten Olivenöls („extra nativ“) auf dem Tisch stehen haben, können Sie und Ihre Gäste die Speisen nach Belieben nachträglich damit verfeinern.
- Olivenöl „extra nativ“ mit frischgemahlenem Pfeffer paßt hervorragend zu Gemüsestäbchen.
- Für zwischendurch ist Weißbrot, in etwas Olivenöl getunkt, schmackhafter und gesünder als die meisten Süßigkeiten oder Fast-food-Snacks.
- Köstliche Gemüsesaucen lassen sich zaubern, indem man fein gewürfeltes Gemüse kurz in Olivenöl anbrät, dann einen Schuß Weißwein und Gemüsebrühe hinzugibt und das Gemüse darin weiterdünstet, bis es gar ist.
- Nudeln kleben nicht zusammen oder am Topfboden fest, wenn man einen Eßlöffel Olivenöl ins Kochwasser gibt. Sie erhalten ein besonders feines Aroma, wenn man nach dem Abgießen einen weiteren Eßlöffel Olivenöl hinzufügt.
- Auch Pfannkuchen- und Waffelteig kann man mit Olivenöl (mit leichtem, dezentem Aroma) zubereiten – und die Pfannkuchen anschließend in dem gleichen Olivenöl ausbacken.

Welches Aroma für welches Gericht?

- *Mildes Olivenöl:* *für Saucen und Salate mit feinem Aroma, Mayonnaise, zum Beträufeln von gedämpftem oder gekochtem Fisch.*
- *Kräftiges, fruchtiges Olivenöl:* *für herzhafte Salate, Pasta, Vinaigrettes, Bruschetta, gebratenes Fleisch, gebratenen Fisch, zur Verfeinerung von Gemüsesuppen.*
- *Leicht süßliches Olivenöl:* *für Tomatengerichte, gedünstetes oder geschmortes Gemüse.*
- *Tropföl:* *zur geschmacklichen Verfeinerung von Carpaccios, feinen Fischgerichten und zartem Frühlingsgemüse.*
- *Aromatisiertes Öl:* *für Carpaccio und für gegrillten Fisch.*

Für eine Olivenöl-degustation im Freundeskreis sollte man fünf bis zehn verschiedene Olivenöle einplanen.

So werden Sie zum Kenner: eine Olivenöldegustation

Zum Olivenölkenner kann man sich nur entwickeln, indem man immer wieder verschiedene Öle probiert, vergleicht und mit ihnen in der Küche experimentiert – genau wie man auch nicht von heute auf morgen zum Weinkenner wird.

Besonders viel Spaß macht das Probieren, wenn man gemeinsam mit Freunden eine kleine Olivenöldegustation veranstaltet. Dazu sollte man allerdings schon mehrere Öle haben, am besten aus verschiedenen Ländern – oder es bringt einfach jeder sein Lieblingsöl mit.

Außerdem braucht man mehrere Schnapsgläser zum Verkosten (für jede Ölsorte ein neues), einen Teller mit Apfelschnitzen und ein möglichst geschmacksneutrales, salzarmes Weißbrot (am besten Baguette). Als Getränk reicht man ein kohlensäurearmes Mineralwasser; alles andere würde den Geschmackssinn zu sehr beeinträchtigen, so daß man die feinen Unterschiede zwischen den zum Verkosten angebotenen Olivenölen nicht mehr wahrnimmt.

Am besten hält man das Glas mit dem Öl erst einmal ein paar Minuten in der Hand, ehe man es verkostet: Durch die Erwärmung kann sich das Aroma besser entfalten.

Es gibt auch noch ein paar andere Dinge, die man beachten muß: Da nicht nur der Geschmackssinn, sondern auch der Geruchssinn beim Verkosten eine wichtige Rolle spielt, sollte keiner der Beteiligten erkältet sein oder eine verstopfte Nase haben – sonst schmeckt er vom Aroma der Öle so gut wie gar nichts. Auch Kaffee, Kuchen oder Süßigkeiten sollten vor der Verkostung nicht angeboten werden; am besten ist es, wenn man auch aufs Rauchen verzichtet und die Damen an diesem Tag kein Parfüm benutzen, denn all das beeinträchtigt das Geschmacksempfinden.

Wenn all diese Bedingungen erfüllt sind, kann es losgehen: Zunächst ißt jeder einen Apfelschnitz, um den Gaumen zu neutralisieren. Dann wird das erste Öl probiert. Professionelle Olivenölverkoster nehmen zunächst einmal den Duft des Olivenöls, das ihnen in einem kleinen Glas gereicht wird, mit der Nase auf, indem sie ein paarmal tief einatmen. Dann geben sie etwa zehn Tropfen auf ihre Zungenspitze, warten kurz und ziehen anschließend mit einem hörbaren Zischen die Luft ein. In diesem Fall ist Schlürfen ausnahmsweise erlaubt, ähnlich wie beim Weinverkosten: Denn erst durch den hinzukommenden Sauerstoff entfaltet sich das ganze Aroma des Olivenöls. Ehe das nächste Öl verkostet wird, wartet man erst einmal ein wenig, trinkt etwas Wasser und ißt ein Stück Weißbrot oder einen Apfelschnitz. Wer das Olivenöl nicht „pur" verkosten möchte (obwohl es wirklich keinen fettigen Geschmack auf der Zunge hinterläßt), der kann es auch auf ein Stück Weißbrot geben.

Mangelnde Qualität erkennt man sofort: Olivenöl darf auf keinen Fall einen säuerlichen oder ranzigen Geschmack haben, sonst hat es bereits einen Oxydationsprozeß durchlaufen! (Meist hat es dann auch bereits einen unangenehmen Geruch.) Auch ein erdiger Geschmack ist negativ zu bewerten: Er ist ein Zeichen dafür, daß die Oliven erst geerntet wurden, als sie bereits am Boden lagen, und dann womöglich auch noch zusammen mit etwas Erde aufgesammelt und ungewaschen verarbeitet wurden. Schimmelig schmeckendes Öl wurde aus angefaulten Oliven oder aus Oliven mit Pilzbefall hergestellt, die vor der Verarbeitung mehrere Tage lang der Feuchtigkeit ausgesetzt waren. Aber wenn Sie Öle der Spitzenqualität kaufen, werden Sie über solche Mängel normalerweise nicht zu klagen haben.

Dann ißt man einen Apfelschnitz ...

... und probiert das erste Öl – „pur" oder auf einem Stück Weißbrot.

Gesund und schmackhaft: die Kreta-Diät

Alt wie Methusalem werden und dabei auch noch gut essen: Die Kreter wissen schon seit Jahrhunderten, wie das geht. Obwohl die Menschen auf Kreta sich nicht gerade fettarm ernähren und auch einem Gläschen Rotwein zum Essen nie abgeneigt sind, leben sie länger und erleiden seltener einen Herzinfarkt als die Bewohner anderer europäischer Länder und der USA. Ihr Erfolgsgeheimnis: die Kreta-Diät – wenig Fleisch, viel Obst und Gemüse, etwas Fisch und jede Menge Olivenöl.

Pasta in allen erdenklichen Formen und Zubereitungen, Salat, mit köstlichem Olivenöl beträufelt, eine Vielfalt an frischen Gemüsesorten je nach jahreszeitlichem Angebot, hin und wieder Käse, zum Nachtisch Obst. Und heruntergespült wird das Ganze mit einem Glas Rotwein...", so begeistert schwärmt Ancel Keys, der Initiator der Sieben-Länder-Studie, von der Mittelmeerkost.

Spätestens bei dieser Liebeserklärung an eine uralte, jahrhundertelang erprobte und bewährte Ernährungsweise wird jedem klar, daß es sich hier trotz der irreführenden Bezeichnung „Mittelmeerdiät" (oder Kreta-Diät") keineswegs um eine „Diät" handelt, bei der man verzichten und leiden muß, sondern um eine Form von Lebensgenuß. Und da dieser Genuß obendrein auch noch gesund ist, spricht wirklich nichts dagegen, sich ihm voll und ganz hinzugeben.

Lange leben – und zwar mit Genuß

Die Mittelmeerkost unterscheidet sich von der Ernährung in Nord- und Mitteleuropa und den USA vor allem dadurch, daß sie hauptsächlich vegetarisch ist: Die Bewohner der südeuropäischen Länder nehmen weniger Fleisch, Eier und Milchprodukte und damit auch weniger gesättigte Fettsäuren zu sich. Dafür enthält ihre Nahrung reichlich Obst, Gemüse, Salat und Getreideprodukte wie Brot und Teigwaren. Die wichtigste Fettquelle ist das Olivenöl. Statt Fleisch ißt man in den Mittelmeerländern lieber öfters einmal Fisch.

In den Mittelmeerländern bestehen 30–60 % der zugeführten Gesamtkalorienmenge aus Getreideprodukten, in den USA sind es nur etwa 19 %.

Als besonders gesund gilt die Ernährung auf der Insel Kreta, seit man durch die Ergebnisse der Sieben-Länder-Studie weiß, daß die Menschen dort am längsten leben und Herz-Kreislauf-Erkrankungen bis vor kurzem noch so gut wie unbekannt waren. Die Sieben-Länder-Studie brachte auch an den Tag, wodurch die „Kreta-Diät" sich von der Ernährung in den anderen Mittelmeerländern unterscheidet: Die Kreter aßen zu dem Zeitpunkt, als die Studie durchgeführt wurde, noch weniger Fleisch als die anderen Mittelmeervölker, dafür mehr Obst, Gemüse und Hülsenfrüchte. Olivenöl wurde so reichlich verwendet wie sonst nirgends. Mäßige Mengen an Fisch und Alkohol rundeten den Speisezettel ab.

Das Erstaunliche dabei war: Die Kreter hatten keineswegs einen niedrigeren Gesamtcholesterinspiegel (und auch nicht weniger von den „bösen" LDL-Cholesterinen im Blut) als die Bewohner anderer Mittelmeerländer. Es müssen also auch noch andere Faktoren für die herz-

Nahrungsbestandteile in der Sieben-Länder-Studie

	Kreta	andere Mittelmeerländer	Zutphen (Niederlande)	USA
Sterblichkeitsrate				
Gesamt	514	1090	1091	1153
Koronare Herzkrankheit	9	184	420	574
Cholesterinspiegel (in mmol/l)	5,3	5,0	6,0	6,1
Nahrungsmittel (in g pro Tag)				
Brot	380	416	252	97
Hülsenfrüchte	30	18	2	1
Obst	464	130	82	233
Fleisch	35	140	138	273
Fisch	18	34	12	3
Öl/Speisefett	95	60	79	33
Alkohol	15	43	3	6

Diese Tabelle aus der Sieben-Länder-Studie zeigt, warum die Kreter länger leben und seltener am Herzinfarkt sterben als die Bewohner anderer Mittelmeerländer: Sie essen weniger Fleisch, aber dafür viel mehr Obst und Hülsenfrüchte. Der Olivenölkonsum ist auf Kreta besonders hoch.

Falls Ihnen der Verzicht auf Wurst schwerfällt, wählen Sie zumindest fettarme Sorten, und schneiden Sie beim Schinken den Fettrand weg.

Schon mit einem einzigen Eigelb erreicht man die empfohlene Cholesterin-Höchstmenge von 300 mg pro Tag. Deshalb sollte man mit Eiern in der Küche möglichst sparsam umgehen.

Die Grundregeln der Mittelmeerdiät

- Essen Sie möglichst **wenig Fleisch** – und wenn, ersetzen Sie die „roten“ Fleischsorten durch Geflügel. Auf Wurst sollte man völlig verzichten.
- Essen Sie statt Fleisch **lieber Fisch** (mehrere Male pro Woche).
- **Vorsicht** ist **bei Meeresfrüchten** (Austern, Muscheln, Hummern, Krebsen, Langusten usw.) geboten: Sie enthalten viel Cholesterin. Das gilt auch für sehr fetten Fisch (beispielsweise Aal).
- Nehmen Sie **täglich geringe bis mäßige Mengen an Milchprodukten** zu sich.
- **Eier** sind „Cholesterinbomben“ und sollten deshalb **nicht zu oft** auf den Tisch kommen. Achten Sie auch bei Teigwaren darauf, daß sie ohne Eier hergestellt sind.
- Essen Sie **viel Gemüse, Hülsenfrüchte, Salate.**
- **Getreideprodukte (Brot, Nudeln, Reis usw.) und/oder Kartoffeln** sollten **täglich** auf dem Speisezettel stehen.
- **Orientieren Sie sich** bei der Auswahl Ihrer Nahrungsmittel **am jahreszeitlichen Angebot.** Sie sollten frisch und möglichst wenig verarbeitet sein – eine natürliche Kost schmeckt am besten und ist auch am gesündesten. Reduzieren Sie den Konsum geräucherter, gesalzener oder gepökelter Nahrungsmittel.
- Verwenden Sie **möglichst viel Olivenöl** zum Dünsten, Schmoren, Braten, Anmachen von Salaten.

- **Garen Sie** Fleisch, Fisch und Gemüse **möglichst fettarm: Dämpfen, Dünsten, Grillen und Braten in beschichteten Pfannen.** „Ertränken" Sie Ihre Gerichte nicht in fettreichen Saucen, wie es leider so häufig gemacht wird.
- **Verzichten Sie auf Streichfette** wie Butter und Margarine. Im Rezeptteil dieses Buches finden Sie etliche Rezepte für Brotbeläge und Dips, bei denen man auf Streichfett verzichten kann!
- **Würzen Sie mit Kräutern und Knoblauch**, statt Ihre Speisen zu übersalzen.
- Wenn Sie erst einmal entdeckt haben, wie köstlich diese Mittelmeerkost schmeckt, wird Ihnen der weitgehende **Verzicht auf Süßigkeiten** bestimmt leichter fallen. Kuchen und Süßspeisen als Dessert sind in den Mittelmeerländern so gut wie unbekannt. Statt dessen wird **zum Nachtisch** meist **frisches Obst** gereicht.
- Für den „kleinen Hunger zwischendurch" sind Obst, Rohkost, Nüsse oder Kerne ebenfalls besser geeignet als Süßigkeiten, Gebäck und fettreiches „Fast food" wie beispielsweise Pommes frites, Kräcker oder Kartoffelchips.
- **Alkohol** ist **in mäßigen Mengen** erlaubt, ja sogar gesundheitsfördernd. **Rotwein, zu den Mahlzeiten** getrunken, ist gesünder als Bier und hochprozentige Getränke.
- Genießen Sie Ihr Essen, und nehmen Sie sich Zeit dafür – so wie die Südländer es tun. Auch das trägt zur gesundheitsfördernden Wirkung dieser Kost bei.

Bei den Franzosen ist der Alkoholkonsum um 30 % höher als in Großbritannien. Trotzdem haben sie eine niedrigere Herzinfarktrate. Der Unterschied: Die Franzosen trinken hauptsächlich Rotwein, während die Briten eher Bier und hochprozentige Getränke bevorzugen.

Die Mittelmeerkost-Pyramide zeigt Ihnen die Grundprinzipien einer gesunden mediterranen Ernährung noch einmal auf einen Blick. Kopieren Sie sie, und hängen Sie sie in Ihrer Küche an die Wand, dann können Sie nicht mehr viel falsch machen.

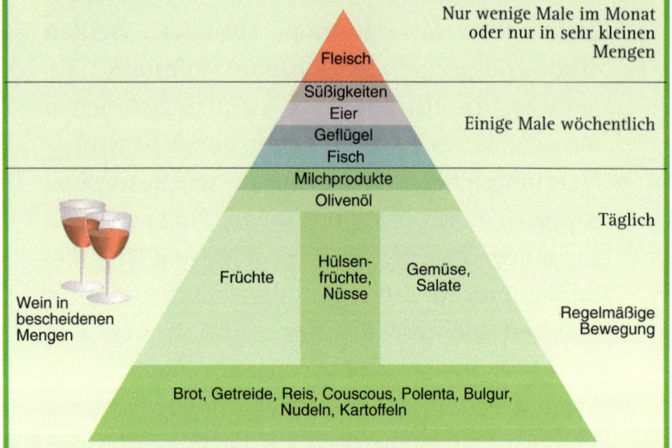

Quelle: Oldways Preservation & Exchange Trust

schützende Wirkung der Kreta-Diät verantwortlich sein als der HDL-cholesterinsenkende Effekt des Olivenöls.

Der beste Schutz vor Herzinfarkt und Schlaganfall

Nicht nur das Olivenöl schützt vor Herz-Kreislauf-Erkrankungen, indem es den LDL-Cholesterinspiegel senkt, freie Radikale unschädlich macht und den Blutdruck senkt. Inzwischen haben verschiedene Untersuchungen gezeigt, daß auch die mediterrane Kost insgesamt eine Schutzwirkung vor Herzinfarkt und Schlaganfall hat.

Zunächst einmal wirkt sie blutdrucksenkend: In einer in Italien durchgeführten medizinischen Studie ersetzte man die übliche Mittelmeerkost bei den Testpersonen durch eine fettreiche Nahrung, bei der vor allem der Anteil an den ungesunden gesättigten Fettsäuren sehr hoch war. Statt Getreide, Gemüse und Olivenöl bekamen die Versuchspersonen jetzt plötzlich Fleisch, Butter, Käse und andere Milchprodukte. Das Ergebnis: Schon nach sechs Wochen war ihr Blutdruck rapide angestiegen. Als man sie dann erneut auf die gewohnte Mittelmeerkost umstellte, sank der Blutdruck ebenso rasch wieder.

Die Mittelmeerkost hat eine blutdrucksenkende Wirkung.

Wie genau die blutdrucksenkende Wirkung der Mittelmeerdiät zustande kommt, darüber sind sich die Mediziner bisher noch nicht hundertprozentig im klaren. Mit Sicherheit wirken hier aber gleich mehrere Faktoren zusammen: zum einen das Olivenöl selbst, zum anderen das – im Vergleich zu anderen Ländern – in der Mittelmeerregion sparsam verwendete Kochsalz. Sicherlich spielt auch der hohe Anteil an pflanzlichen Nahrungsmitteln eine Rolle. Man weiß schon seit längerem, daß Vegetarier einen niedrigeren Blutdruck haben als Menschen, die nicht nur pflanzliche, sondern auch tierische Nahrung zu sich nehmen.

Eine fischreiche Ernährung schützt vor Thrombose

Neben dem Olivenöl hat auch das in Kaltwasserfischen enthaltene Fischöl, wie bereits erwähnt, eine Schutzwirkung vor Herz-Kreislauf-Erkrankungen. Fischöl enthält nämlich eine mehrfach ungesättigte Fettsäure – die Eicosapentaensäure –, die blutverdünnend wirkt, das heißt, die Gerinnungsneigung des Blutes hemmt. Die Folge: Es können nicht so leicht Thrombosen (Blutgerinnsel) entstehen, die zu Herzinfarkt oder Schlaganfall führen.

Das gerinnungshemmende Fischöl ist vor allem in Makrele, Lachs und Hering reichlich enthalten.

Viele medizinische Studien aus aller Welt haben bewiesen, daß schon ein bis zwei Fischmahlzeiten pro Woche das Herzinfarktrisiko senken können. Man ist also gleich doppelt vor Herzinfarkt und Schlaganfall geschützt, wenn man in der Küche nicht nur reichlich Olivenöl verwendet, sondern außerdem statt Fleisch lieber öfters einmal Fisch ißt, wie die Bewohner der Mittelmeerländer es tun.

Bis jetzt sind noch gar nicht alle Ursachen für die positive Wirkung der mediterranen Ernährung bekannt. Fest steht bislang nur, daß Radikalfänger wie Vitamin C, E und Betakarotin (und andere antioxydativ wirkende Pflanzenstoffe, die man mit einer obst-, gemüse- und getreidereichen Ernährung zwangsläufig in großer Menge zu sich nimmt), hier eine wichtige Rolle spielen: Ähnlich wie die einfach ungesättigten Fettsäuren des Olivenöls verhindern sie die gefährliche Oxydation des LDL-Cholesterins an den Arterieninnenwänden. (Auch der Rotwein enthält solche bioaktiven Substanzen, die vor Oxydation schützen und außerdem die Verklumpungsneigung des Blutes hemmen! Deshalb ist auch er – in Maßen genossen – ein wichtiger Bestandteil der herzschützenden Mittelmeerdiät.)

Ballaststoffe sind Pflanzenfasern, die unser Körper unverdaut wieder ausscheidet. Trotzdem sind sie wichtig für uns, denn sie regen die Verdauung an und senken den Cholesterinspiegel.

Gleichzeitig führt man seinem Organismus durch eine Ernährung mit hohem pflanzlichem Anteil viele wichtige Mineralien und Spurenelemente zu. Außerdem senkt eine vorwiegend pflanzliche Kost mit vielen Ballaststoffen den Cholesterinspiegel.

Mittelmeerkost verhindert Reinfarkt

Inspiriert durch die positiven Ergebnisse der Sieben-Länder-Studie, versuchte eine Gruppe französischer Wissenschaftler unter Leitung von Dr. Serge Renaud vor ein paar Jahren zu beweisen, daß die Mittelmeerkost sogar bei Patienten, die bereits einen Herzinfarkt erlitten haben, einen zweiten Infarkt verhindern kann – und zwar wirksamer als die immer noch von vielen Ärzten empfohlene fettarme Diät. In der „Lyon Diet Heart Study" erhielten 605 Patienten, die sich gerade von einem Infarkt erholten, entweder die traditionelle fettarme Diät oder eine Kost, die sich stark an die mediterrane Ernährung anlehnte. Die „Mittelmeerkost-Patienten" wurden von Ärzten und Ernährungsberatern geschult und mußten sich an die folgenden „sechs Ernährungsgebote" halten:

- mehr Brot,
- mehr Wurzel- und Blattgemüse,
- mehr Fisch,
- weniger Fleisch (Lamm-, Schweine- und Rindfleisch wurden durch Geflügel ersetzt),
- jeden Tag Obst,
- keine Butter und keine Sahne.

Käse war das einzige „erlaubte" Milchprodukt; mäßige Mengen Wein zu den Mahlzeiten wurden ebenfalls genehmigt. Für die Zubereitung von Salaten und Speisen empfahl man den Patienten Raps- und Olivenöl, während die Testpersonen in der anderen Gruppe Sonnenblumenöl verwendeten.

Rotwein – in Maßen zu den Mahlzeiten genossen – ist bei der Mittelmeerdiät durchaus erlaubt, ja sogar empfehlenswert, denn er hat eine herzschützende Wirkung.

Nach 27 Monaten waren in der Mittelmeerkost-Gruppe nur drei Todesfälle aufgrund koronarer Herzkrankheit aufgetreten, in der anderen Gruppe dagegen 16. Bei den Patienten, die die Mittelmeerdiät bekamen, traten nur fünf nicht tödliche Herzinfarkte auf, in der Kontrollgruppe hingegen 17. Das entspricht einer über siebzigprozentigen Reduktion der Reinfarktrate – und das, obwohl Cholesterinspiegel, Körpergewicht und Blutdruck in beiden Gruppen ähnlich waren! Ebenso erstaunlich ist, daß sich die herzschützende Wirkung der Mittelmeerdiät bereits nach ein paar Monaten zeigte – schon da waren in der Kontrollgruppe mehr Herzinfarkte aufgetreten als bei den anderen Testpersonen.

Wahrscheinlich tragen viele verschiedene Faktoren zur herzschützenden Wirkung der Mittelmeerdiät bei.

Daher vermutet Dr. Renaud, daß die Mittelmeerdiät sich nicht nur positiv auf den Cholesterinspiegel auswirkt, sondern daß auch noch andere, bis jetzt nicht genau erforschte Schutzmechanismen mit im Spiel sind. Wahrscheinlich hat die Mittelmeerkost neben der gerinnungshemmenden auch noch eine antiarrhythmische Wirkung: Das heißt, sie schützt vor dem gefährlichen Kammerflimmern, einer Herzrhythmusstörung, die beim akuten Herzinfarkt auftritt und häufig schon nach kurzer Zeit zum Tode führt.

Eine gesunde Ernährung verringert das Krebsrisiko

Inzwischen weiß man, daß die Menschen in den Mittelmeerländern auch seltener an Krebs erkranken als Mitteleuropäer und Amerikaner. Es liegt nahe, auch dies der Mittelmeerkost zuzuschreiben, denn bei der Entstehung vieler Krebsarten spielt die Ernährung eine wichtige Rolle.

Nicht nur das Olivenöl selbst schützt vor Krebs, sondern auch viele andere Nahrungsmittel, die in den Mittelmeerländern regelmäßig auf den Tisch kommen. In einer in Spanien durchgeführten Studie mußten 100 an Brustkrebs erkrankte Frauen und 100 Kontrollpersonen, die keinen Krebs hatten, einen Ernährungs-Fragebogen ausfüllen. Dabei stellte sich heraus, daß die an Krebs erkrankten Frauen viel weniger Obst, Gemüse und Fisch zu sich genommen hatten.

Knoblauch, Obst und Gemüse gegen Magenkrebs

In einer anderen Studie wurden die Ernährungsgewohnheiten von Magenkrebspatienten ermittelt. Dabei ergab sich, daß eine Ernährung mit viel Obst, Zitrusfrüchten und rohem Gemüse das Magenkrebsrisiko um 30 % reduzieren kann. Auch Olivenöl und Knoblauch – der in den Mittelmeerländern ebenfalls reichlich verzehrt wird – schützen vor Magenkrebs. Fleisch, gesalzener und getrockneter Fisch, gewürzter Käse – und natürlich auch das Rauchen – hingegen erhöhen das Magenkrebsrisiko.

Obst, Gemüse und Getreideprodukte enthalten viele krebsschützende Substanzen: zum Beispiel Vitamine und andere Antioxydanzien und auch Stoffe, die eine entgiftende Wirkung haben. Dazu gehören beispielsweise die vorhin schon erwähnten Ballaststoffe: Diese unverdaulichen Pflanzenfasern haben zwar keinerlei Nährwert für uns, sondern werden wieder ausgeschieden. Trotzdem brauchen wir sie dringend, denn sie regen die Tätigkeit des Darms an und beugen auf diese Weise Verstopfung vor. Außerdem binden sie krebserregende Stoffe im Dickdarm, die auf diese Weise ausgeschieden werden können, statt in unserem Körper Schaden anzurichten. Eine ballaststoffreiche Ernährung gilt daher als die beste Vorbeugung gegen Dickdarmkrebs. Auch vor anderen Krebsarten (beispielsweise Brust-, Gebärmutterschleimhaut- und Prostatakrebs) können Ballaststoffe wahrscheinlich schützen.

Ballaststoffe helfen gegen Verstopfung und beugen der Entstehung von Dickdarmkrebs vor.

Deshalb ist es eigentlich nicht verwunderlich, daß die Mittelmeerkost mit ihrem hohen Anteil an pflanzlichen Nährstoffen und Ballaststoffen eine krebsschützende Wirkung hat.

Die ideale Ernährung für Diabetiker

Auch der Entstehung eines Diabetes kann man mit der Mittelmeerdiät vorbeugen und diese Stoffwechselerkrankung selbst dann, wenn sie schon aufgetreten ist, durch mediterrane Ernährung immer noch günstig beeinflussen.

Man unterscheidet zwei Arten von Diabetes: Beim Typ-I-Diabetes (auch als insulinabhängiger Diabetes bezeichnet), der meist schon in der Jugend auftritt, werden die Zellen der Bauchspeicheldrüse, die das Insulin produzieren, zerstört. Ohne Insulin kann der Organismus den Zucker, den er mit der Nahrung aufnimmt, nicht mehr verwerten – das heißt, der Zucker im Blut kann nicht mehr zu den Zellen transportiert werden, der Körper wird folglich nicht mehr ausreichend mit Energie versorgt, und der Blutzuckerspiegel steigt an. Solche Patienten müssen sich das lebenswichtige Insulin ihr Leben lang medikamentös in Form von Spritzen zuführen.

Die Entstehung eines Typ-II-Diabetes wird durch Übergewicht, Bewegungsmangel und falsche Ernährung (zuviel, zu süß, zu fett) begünstigt.

Häufiger ist der Typ-II-Diabetes, auch Altersdiabetes genannt, weil er meistens erst ab einem Alter von 40 Jahren entsteht und sich relativ langsam entwickelt. Bei dieser Diabetes-Form produziert die Bauchspeicheldrüse zwar noch genügend Insulin, aber die Zellen des Körpers sind gegen das Insulin unempfindlich geworden, so daß es seine Aufgabe – nämlich den Transport des Zuckers in die Körperzellen zu regulieren – nicht mehr richtig erfüllen kann.

Inzwischen kennt man die Faktoren, die zur Entstehung des Typ-II-Diabetes führen: Neben der erblichen Veranlagung sind Übergewicht und Bewegungsmangel bedeutende Risikofaktoren. Außerdem spielt auch hier wieder die Ernährung eine wichtige Rolle: Menschen, die mit der Nahrung viel tierische Fette und Cholesterin aufnehmen, haben ein erhöhtes Diabetes-Risiko. Eine vegetarische Ernährung mit vielen Ballaststoffen und komplexen Kohlenhydraten und einem geringen Anteil an gesättigten Fettsäuren senkt hingegen das Risiko, an Diabetes zu erkranken. Die weitgehend vegetarische, ballaststoffreiche Mittelmeerdiät ist daher die ideale Diabetes-Prophylaxe.

Doch auch für Menschen, die bereits an Diabetes erkrankt sind, ist die Mittelmeerkost hervorragend geeignet. Früher wurde Typ-II-Diabetikern eine fettarme, kohlenhydratreiche Ernährung empfohlen. Inzwischen ist jedoch erwiesen, daß eine Kost mit hohem Anteil an einfach ungesättigten Fettsäuren, wie sie beispielsweise das Olivenöl aufweist, für Diabetiker noch viel besser ist, weil diese Fettsäuren die Insulinempfindlichkeit verbessern. In einer Studie an Typ-II-Diabetikern zeigte sich, daß eine Kost, bei der Fett 50 % der Kalorienzufuhr ausmacht und nur 35 % der Energiezufuhr aus Kohlenhydraten stammen, sich auf den Stoffwechsel günstiger auswirkt als eine kohlenhydratreiche Ernährung mit 25 % Fett und 60 % Kohlenhydraten. Allerdings wurden bei dieser fettreichen Kost 35 % der Kalorienzufuhr durch Fette mit einfach ungesättigten Fettsäuren bestritten.

Olivenöl ist für Diabetiker auch deshalb wichtig, weil sie ein erhöhtes Arteriosklerose-Risiko haben: Über 50 % aller Diabetiker sterben an einem Herzinfarkt.

Auch Ballaststoffe wirken sich auf den Stoffwechsel von Diabetikern günstig aus. Gerade für sie ist die Mittelmeerdiät mit ihrem hohen Anteil an Olivenöl und pflanzlichen Faserstoffen also die ideale Kost.

Griechischer Bauernsalat

Mit Fladenbrot oder Bruschetta serviert ergibt sich eine vollwertige kleine Mahlzeit.

Beim griechischen Bauernsalat gibt es viele Variationen – Schafskäse und Oliven dürfen jedoch nie fehlen!

Zutaten für 4 Personen:
200 g Schafskäse
4 Tomaten
1/2 Salatgurke
1/2 Kopf Eisbergsalat
2 gelbe Paprikaschoten
1 Zwiebel

Für das Dressing:
1 Knoblauchzehe
2–3 EL Essig
3 EL Olivenöl
Salz, Pfeffer
1/2 Bund Schnittlauch
16 schwarze Oliven

Griechischer Bauernsalat ▶

- Den Schafskäse in 1 cm große Würfel schneiden.
- Die Tomaten waschen, von den grünen Stielansätzen befreien und achteln. Die Salatgurke ebenfalls gründlich waschen, eventuell schälen und in Scheiben schneiden. Den Eisbergsalat waschen, zerkleinern und gut abtropfen lassen. Die Paprikaschoten werden gewaschen, halbiert, entkernt und in Streifen geschnitten.
- Die Zwiebel in feine Ringe schneiden.
- Für die Salatsauce den Knoblauch auspressen und mit Essig, Öl, Salz und Pfeffer verrühren.
- Alle Zutaten in eine Schüssel geben, mit dem Dressing vermischen und mit dem gehackten Schnittlauch und den Oliven bestreuen.

Je nach Geschmack und Jahreszeit können auch Peperoni oder Stangensellerie verwendet werden.

Insalata Caprese

Dieser delikate Salat schmeckt am besten im Hochsommer, wenn Tomaten und Basilikum besonders aromatisch sind.

Zutaten für 6 Personen:
750–1000 g Tomaten
ca. 500 g Mozzarella
1 großer Bund frisches Basilikum
Salz, Pfeffer
3 EL Olivenöl, extra nativ
1 EL Rotweinessig

Für diesen Salat sollte man immer Büffelmozzarella verwenden, der wesentlich aromatischer ist als der Mozzarella aus Magermilch.

- Tomaten und Mozzarella in etwa 1 cm breite Scheiben schneiden, Basilikumblätter vom Stengel entfernen.
- Die Zutaten werden nun auf einer Platte angerichtet: Eine Scheibe Tomate, eine Scheibe Mozzarella, ein

großes Blatt Basilikum werden abwechselnd aufeinandergelegt, bis alle Zutaten verbraucht sind.

- Mit Salz und Pfeffer bestreuen.
- Olivenöl und Essig mit einer Gabel kräftig verrühren und über den Salat geben.
- Sofort mit frischem Brot servieren!

Rucola mit Orangen-Dressing

Rucola sollte nicht mit zu vielen anderen Zutaten kombiniert werden, damit der Eigengeschmack nicht verlorengeht. Statt Orangen können bei diesem Rezept auch Grapefruits verwendet werden.

Zutaten für 4 Personen:
300 g Rucola
2 Orangen
1 Zwiebel

Für das Dressing:
4 EL Orangensaft
4 EL Olivenöl
Salz, Pfeffer
3 EL geröstete Pinienkerne
2 EL Dill, fein gehackt

- Den Rucola gründlich waschen und sehr gut abtropfen lassen. Dann die Salatblätter in mundgerechte Stücke schneiden.
- Orangen schälen, filetieren und ebenfalls in kleine Stücke schneiden.
- Zwiebel schälen und in feine Ringe schneiden.
- Für das Dressing Orangensaft, Öl, Salz und Pfeffer verrühren.
- Alle Zutaten in eine Schüssel geben und mit der Salatsauce vermischen.
- Mit den gerösteten Pinienkernen und dem gehackten Dill bestreuen.

Bunter Sommersalat

Für diesen schmackhaften Salat eignen sich sowohl Keniabohnen als auch grüne Bohnen.

Zutaten für 4 Personen:
250 g Bohnen
250 g Zuckerschoten
2 Tomaten
2 Zwiebeln
1 Kopfsalat

Für das Dressing:
1 Zwiebel
1 Bund Kerbel
$^1/_8$ l Olivenöl
2 EL Sherryessig
Salz, Pfeffer
1 Prise Zucker

◀*Bunter Sommersalat*

- Bohnen und Zuckerschoten putzen, getrennt in sprudelndem Salzwasser kochen – sie dürfen nicht zu weich werden – und abschrecken.
- Tomaten in Scheiben, Zwiebeln in dünne Ringe schneiden.
- Kopfsalat in einer Schüssel anrichten.
- Darüber – bunt gemischt – nun die übrigen Zutaten geben.
- Für das Dressing die Zwiebel und den Kerbel fein hacken (vom Kerbel einige Blätter zum Garnieren aufheben). Öl, Essig, Salz, Pfeffer und Zucker verrühren, mit Zwiebel und Kerbel mischen und über den Salat geben. Mit Kerbelblättchen garnieren.

Salade niçoise

Zutaten für 4 Personen:
250 g gekochte Salatkartoffeln
250 g Tomaten
250 g grüne Paprika
1 kleine Zwiebel
1 Eisbergsalat
200 g Thunfisch in Öl
4 hartgekochte Eier
1 kleine Dose (25 g) Anchovifilets
100 g schwarze Oliven

Für das Dressing:
$^{1}/_{2}$ Knoblauchzehe
3 EL Olivenöl
1 EL Rotweinessig
1 TL Senf
Salz, Pfeffer

- Erkaltete Salzkartoffeln in Scheiben, Tomaten in Achtel, Paprika in Streifen und Zwiebel in hauchdünne Ringe schneiden, Salatblätter abzupfen und zerkleinern. Den Thunfisch ebenfalls zerkleinern.
- Alles zusammen in eine Salatschüssel geben. Mit geviertelten Eiern, Anchovisfilets und Oliven garnieren.

Salade niçoise

- Knoblauch zerdrücken und mit den übrigen Zutaten zu einer festen Sauce schlagen. Das Dressing erst kurz vor dem Servieren über den Salat gießen.

Feldsalat mit Walnuß-Lavendel-Dressing

Zutaten für 4 Personen:
200 g Feldsalat
1 kleiner säuerlicher Apfel
Zitronensaft
1 kleine Zwiebel
100 g gekochte Putenbrust

Für das Dressing:
1–2 Zitronen
1 TL Lavendelblüten
6 EL Olivenöl
Zucker
Salz, Pfeffer
Paprikapulver
75 g gehackte Walnußkerne

Für dieses Rezept muß das Dressing bereits zwei Tage vorher angesetzt werden, damit der Lavendel ausreichend ziehen kann.

Feldsalat ist auch als Ackersalat, Rapunzel oder Nüsslisalat bekannt. Die kleinen runden Blättchen sind dunkelgrün, von fester Konsistenz und haben ein feines Nußaroma.

- Den Feldsalat gründlich waschen und putzen, anschließend gut abtropfen lassen.
- Den Apfel ebenfalls waschen (eventuell schälen), vierteln und das Kerngehäuse entfernen. Die Apfelviertel in feine Scheiben schneiden und mit Zitronensaft beträufeln.
- Die Zwiebel schälen und fein würfeln, die Putenbrust in feine Streifen schneiden.
- Für das Dressing die Zitronen auspressen und den Saft leicht erwärmen. Die Lavendelblüten in den warmen Zitronensaft geben und zwei Tage ziehen lassen.
- Den Lavendel-Zitronen-Saft anschließend durchsieben und mit Olivenöl, Zucker, Salz, Pfeffer und Paprikapulver verrühren.
- Alle Salatzutaten in eine Schüssel geben, mit der Salatsauce vermischen und mit den gehackten Walnußkernen bestreuen.

Mariniertes Gemüse

Zutaten für 4 Personen:
4 gelbe Paprikaschoten
500 g Lauch
500 g Zucchini
1–2 rote Zwiebeln
2 Knoblauchzehen
$^{1}/_{2}$ l Weißwein
4 EL Weißweinessig
2 TL Salz
Pfeffer
$^{1}/_{2}$ TL Zucker
2 Lorbeerblätter
450 ml Olivenöl, extra nativ (z. B. von Mazola)

- Die Paprikaschoten halbieren, entkernen, waschen und in Streifen schneiden. Den Lauch putzen und in Ringe schneiden. Zucchini, Zwiebeln und Knoblauch in Scheiben schneiden.
- Den Weißwein zusammen mit dem Essig, den Gewürzen und den Knoblauchscheiben in einen weiten Topf geben und aufkochen.
- Das Gemüse – jeweils getrennt – ca. 5 Minuten in diesem Sud garen.
- Paprika, Lauch, Zucchini und Zwiebeln abwechselnd in einem großen Glas schichten, dann den Sud und das Olivenöl darübergießen. Das Öl sollte das Gemüse etwa 1 cm hoch bedecken.

▼ *Zum marinierten Gemüse kann man Baguette oder Fladenbrot reichen.*

Ratatouille

„Ratatouille" bedeutet soviel wie „Eintopf des armen Mannes".

Dieses traditionelle Rezept, das aus Südfrankreich stammt, gibt es in zahlreichen Varianten.

Zutaten für 6 Personen:
1 mittelgroße Zwiebel
$^1/_2$ Tasse Olivenöl
1 feingehackte Knoblauchzehe
je $^1/_2$ TL Basilikum, Oregano, Thymian und Rosmarin (getrocknet)
ca. 500 g Tomaten
$^1/_4$ TL schwarzer Pfeffer
$^1/_4$ TL Cayennepfeffer
1 mittelgroße Aubergine
2 mittelgroße Zucchini
1 grüne Paprika
1 rote Paprika
2 EL feingehackte frische Petersilie

Die Aubergine kann man durch Zucchini ersetzen – man sollte dann insgesamt drei Zucchini verwenden.

- Zwiebel fein würfeln und im Olivenöl 3–5 Minuten glasig dünsten.
- Knoblauch fein hacken, mit den Kräutern hinzufügen und kurz sautieren.
- Tomaten würfeln und einrühren.
- Bei geringer Hitze 15 Minuten ohne Deckel köcheln lassen. Pfeffer und Cayennepfeffer dazugeben.
- Aubergine würfeln, Zucchini und Paprika in Streifen schneiden und zusammen mit der Petersilie hinzufügen. Die Ratatouille für 30–40 Minuten bei geschlossenem Deckel köcheln, bis das Gemüse gar ist. Nur vorsichtig umrühren, damit das Gemüse nicht zerfällt.
- Die Ratatouille abkühlen lassen und in einem Glasgefäß über Nacht im Kühlschrank aufbewahren.

Ratatouille kann kalt, lauwarm oder heiß serviert werden – am schmackhaftesten ist sie aber immer, wenn sie mindestens einen Tag zuvor bereitet wurde.

Olivenbrot

Das Olivenbrot schmeckt am besten ofenfrisch oder mit einem leckeren vegetarischen Brotaufstrich.

Zutaten für 1 Brot:
750 g feines Weizenvollkornmehl
1 TL Zucker
40 g Hefe
150 ml lauwarmes Wasser
500 g reife Tomaten
1 kleine Zwiebel
75 ml Olivenöl
200 g Oliven, entsteint
Salz
Thymian

- Vollkornmehl in eine Schüssel geben und eine Mulde hineindrücken. Zucker und Hefe im lauwarmen Wasser auflösen und in die Mulde gießen. 2 EL Mehl unter die Flüssigkeit rühren. Den Vorteig mit einem Tuch abdecken und ungefähr 15 Minuten gehen lassen.
- Tomaten kreuzweise einschneiden, mit kochendem Wasser übergießen, schälen, fein würfeln und in einem Sieb abtropfen lassen. Zwiebel fein hacken und in 2 EL Olivenöl glasig dünsten. Oliven fein hacken.
- Zum Vorteig Salz, etwas Thymian und das restliche Olivenöl geben, 10 Minuten kräftig durchkneten. Die Tomaten-, Zwiebelwürfel und die Oliven einkneten. Den Teig nochmals 30 Minuten gehen lassen.
- Einen länglichen Brotlaib formen und auf ein Backblech legen, Backofen vorheizen. Das Brot 15 Minuten bei 220 °C, dann 30–45 Minuten bei 200 °C backen.

Olivenquark

Zutaten:
je 20 grüne und schwarze Oliven
500 g Magerquark
4 EL Joghurt
Salz
Pfeffer
2 EL Schnittlauch, fein gehackt

- Oliven entsteinen und fein hacken.
- Magerquark mit Joghurt verrühren und mit Salz und Pfeffer abschmecken. Schnittlauch und Oliven untermischen und kurz durchziehen lassen.

Auberginenmus

Bei diesem leckeren Brotaufstrich – eine Delikatesse vom Mittelmeer – können Sie auf Streichfett verzichten.

Das Auberginenmus sollte recht dickflüssig sein. Es schmeckt hervorragend zu geröstetem Brot oder als Beilage zu Fisch- und Fleischgerichten.

Zutaten:
2 große Auberginen (ca. 500 g)
2 Knoblauchzehen
1 EL Zitronensaft
Salz
Pfeffer
Oregano
2 EL Olivenöl

- Den Backofen auf 220 °C vorheizen.
- Die Auberginen waschen, trockentupfen und im Backofen 45–50 Minuten garen, bis sie weich sind.

- Knoblauchzehen schälen und fein hacken.
- Auberginen etwas abkühlen lassen und halbieren. Das Fruchtfleisch herauskratzen und mit Zitronensaft beträufeln. Mit einer Gabel grob zerdrücken.
- Knoblauch, Salz, Pfeffer und Oregano hinzufügen. Das Öl dazugießen und gut unterrühren.
- Bei Zimmertemperatur oder gekühlt servieren.

Kichererbsencreme mit Gemüsestäbchen

Diese Creme eignet sich vorzüglich als Dip zu Gemüsestäbchen, schmeckt aber auch als vegetarischer Brotaufstrich hervorragend.

Kichererbsen sind reich an pflanzlichem Eiweiß und deshalb ein wertvoller Beitrag zu einer ausgewogenen Ernährung.

Zutaten:
200 g Kichererbsen
1 Lorbeerblatt
1 kleine Zwiebel
2 Knoblauchzehen
5 EL Olivenöl
1 EL Zitronensaft
ca. 50 ml Gemüsebrühe
Salz, Pfeffer
$^1/_2$ Bund Petersilie
5 schwarze Oliven

Für die Gemüsestäbchen:
150 g Mohrrüben
150 g Kohlrabi
150 g Stangensellerie
150 g Zucchini
150 g rote Paprika
$^1/_2$ Bund Petersilie
Vollkornbrot, getoastet

- Kichererbsen waschen und über Nacht einweichen. Dann mit dem Lorbeerblatt und 1 l frischem Wasser bei mittlerer Hitze 60 Minuten kochen, ausquellen lassen, das Kochwasser abgießen. Kichererbsen pürieren und abkühlen lassen.
- Zwiebel und Knoblauchzehen fein hacken und in dem Olivenöl glasig dünsten, dann auskühlen lassen.

- Die Zwiebel-Knoblauch-Mischung, den Zitronensaft und die Gemüsebrühe zum Kichererbsenpüree geben und alles zu einer streichfähigen Creme verrühren. Mit Salz und Pfeffer abschmecken. Für die Garnitur die Petersilie und die Oliven fein hacken.
- Mohrrüben und Kohlrabi schälen, das restliche Gemüse in Stifte schneiden. Gemüsestäbchen mit Petersilie garniert auf einer Platte anrichten. Dazu getoastetes Vollkornbrot und die Kichererbsencreme reichen.

Käse-Oliven-Baguette

Zutaten für 4 Personen:
1 kleine rote Paprikaschote
1 Knoblauchzehe
100 g schwarze Oliven
4 EL Olivenöl
200 g Camembert mit Knoblauch (z. B. Bresso Prachtstück)
8 Scheiben Mehrkornbaguette
Basilikum zum Garnieren

- Paprikaschote vierteln, auf ein Backblech legen. Die Viertel so lange im Backofen grillen, bis die Haut Blasen wirft. Die Viertel etwas abkühlen lassen, die Haut abziehen und die Filets in Streifen schneiden.
- Knoblauchzehe schälen und fein hacken. Oliven entsteinen, in sehr kleine Würfel schneiden und mit Knoblauch und Olivenöl verrühren.
- Camembert in 8 Scheiben schneiden und diese diagonal halbieren. Baguettescheiben auf einer Seite goldgelb rösten. Die Olivenmasse auf den Baguettescheiben verteilen, mit den Käsesegmenten und Paprikastreifen belegen, mit Basilikumblättchen garnieren.

▶ *Käse-Oliven-Baguette*

Bruschetta

Bruschetta – sie werden auch Fettunta genannt – stammen aus Italien und sind ursprünglich geröstete Weißbrotscheiben, die mit Knoblauch eingerieben und mit einem besonders guten Olivenöl getränkt werden. Dieses einfache, aber köstliche Rezept kann man nach eigenem Geschmack variieren.

Bruschetta

Dieses Rezept stellt die einfachste Form der Bruschetta dar. Besonders wichtig ist es, ein aromatisches Olivenöl zu verwenden.

Zutaten für 8 Personen:
8 Scheiben Weißbrot (kein Toastbrot!)
3 Knoblauchzehen
Olivenöl, extra nativ
Salz

- Die Brotscheiben entweder toasten oder von beiden Seiten im Ofen rösten.
- Anschließend den frisch gepreßten Knoblauch auf den Broten verteilen.
- Reichlich Olivenöl darüber träufeln.
- Zum Schluß mit Salz würzen.

Bruschetta mit Tomaten

Durch die Tomaten wird diese Bruschetta besonders saftig. Sie eignet sich hervorragend als Vorspeise oder Appetithäppchen.

Zutaten für 8 Personen:
8 Scheiben Weißbrot (kein Toastbrot!)
2 Knoblauchzehen
8 kleine, sehr reife Tomaten
etwas frischer Basilikum
Olivenöl
Salz, Pfeffer

- Die Brotscheiben entweder toasten oder von beiden Seiten anrösten und anschließend mit den Knoblauchzehen einreiben.
- Die Tomaten fein würfeln, den Basilikum sehr fein hacken und beides auf den Broten verteilen. Reichlich Olivenöl darüber träufeln und mit Salz und Pfeffer würzen.

Crostini

Im Gegensatz zu Bruschetta sind Crostini viel dünner und werden im heißen Backofen geröstet. Auch hier gibt es zahlreiche Varianten.

Crostini auf römische Art

Zutaten für 4 Personen:
2 sehr reife Tomaten
Salz
8 Scheiben Landbrot (kein Toastbrot!)
etwas Butter
8 dünne Scheiben Parmaschinken
1 Büffelmozzarella
Olivenöl, extra nativ
8 Basilikumblätter
Pfeffer

- Tomaten enthäuten, in Streifen schneiden, mit Salz bestreuen und etwa eine Stunde abtropfen lassen.
- Brotscheiben rösten, mit Butter bestreichen und mit Parmaschinken und Tomatenstreifen bedecken. Den Mozzarella in Scheiben schneiden und darauf verteilen. Olivenöl darüber träufeln.

Es ist wichtig, die Tomaten gut abtropfen zu lassen, damit die Crostini nicht zu weich werden.

- Im vorgeheizten Backofen oder Grill 2–3 Minuten überbacken, der Mozzarella sollte gerade anfangen zu zerlaufen.
- Zum Schluß mit Basilikumblättern garnieren und mit Pfeffer würzen und sofort servieren.

Crostini mit Tomaten und Rucola

Zutaten für 4 Personen:
500 g Tomaten
1/2 Bund frisches Basilikum
etwa 100 g Rucola
3 Knoblauchzehen
8 Scheiben Brot
Olivenöl, extra nativ
Salz
Pfeffer

- Die Tomaten enthäuten und sehr fein würfeln. Dann für eine gute halbe Stunde abtropfen lassen.
- Basilikum und Rucola fein hacken und unter die Tomaten mischen.
- Den gepreßten Knoblauch auf die Brote streichen und diese im Backofen rösten.
- Anschließend die Tomatenmischung darauf verteilen.
- Zuletzt etwas Olivenöl darüber träufeln und mit Salz und Pfeffer würzen.

Probieren Sie zu diesem Rezept doch einmal Vollkorn- oder Schwarzbrot aus.

Penne all'arrabiata

Die Schärfe dieses bekannten Nudelgerichts kann man durch die Menge des Chilis auf seinen persönlichen Geschmack abstimmen.

Zutaten für 6 Personen:
3 große Knoblauchzehen
$^1/_4$ Tasse Olivenöl
ca. 700 g Tomaten
1–2 getrocknete, zerstoßene Chilischoten (oder 1 TL Chilipulver)
Salz
450 g Penne

- Knoblauchzehen fein hacken und im Olivenöl unter ständigem Rühren andünsten. Tomaten schälen, entkernen, grob hacken und mit dem Chili dazugeben. Bei reduzierter Hitze 20 Minuten kochen, bis die Tomaten weich sind und die Sauce eindickt. Die Sauce vom Herd nehmen und mit dem Salz abschmecken.
- Die Penne in leicht gesalzenem Wasser al dente kochen, gut abtropfen lassen und in eine warme Schüssel füllen. Die Sauce darüber geben.

Spaghetti alla Puttanesca

Dieses Pastagericht stammt aus dem südlichen Italien, wo traditionell kein Parmesan dazu gereicht wird.

Statt Sardellen kann man auch sehr gut Thunfisch verwenden.

Zutaten für 4 Personen:
500 g Hartweizenspaghetti
3 EL Olivenöl
2 Knoblauchzehen
1 kleine Zwiebel
4 Sardellenfilets
4 EL schwarze Oliven
400 g frische Tomaten
1 kleine Zucchini
Salz, Pfeffer

- In einem großen Topf die Spaghetti in Salzwasser al dente kochen.
- In einer Pfanne das Olivenöl erhitzen. Die Knoblauchzehen und die Zwiebel fein hacken und im Olivenöl glasig dünsten. Die Sardellenfilets in mundgerechte Stücke schneiden und einige Minuten mitdünsten.
- Oliven entkernen und fein hacken. Tomaten würfeln und Zucchini in feine Streifen schneiden. Alles in die Pfanne geben und in 5–10 Minuten fertig dünsten.
- Die heiße Sauce über die Spaghetti geben und sofort servieren.

Paella

Zutaten für 6 Personen:
1 Gemüsezwiebel
1 rote Paprikaschote
1 grüne Paprikaschote
1 Hähnchen (ca. 1,2 kg)
150 g Rindfleisch aus der Kugel
100 g Schweinefilet
12 Miesmuscheln
200 g Tintenfischringe
12 Gambas
10 EL Olivenöl
Salz
Pfeffer
2 Knoblauchzehen
$^1/_2$ l pürierte Tomaten
1$^1/_2$ l Fleischbrühe (instant)
700 g Rundkornreis
$^1/_2$ Dose Safranpulver
300 g tiefgefrorene Erbsen

Das Hühnerfleisch kann man auch durch Truthahnbrust ersetzen. Anstatt der Erbsen kann man Spargelspitzen oder Artischockenherzen verwenden.

- Zwiebel grob hacken, Paprikaschoten kleinschneiden. Das Hähnchen in 12 Stücke zerteilen, die Haut entfernen. Rindfleisch und Schweinefilet würfeln. Muscheln und Tintenfischringe waschen, 6 Gambas schälen.
- 5 EL Olivenöl in einer tiefen, großen Pfanne erhitzen und die Zwiebeln darin glasig braten. Paprika, Hähnchenteile, Rind- und Schweinefleisch dazugeben. Alles leicht bräunen. Salzen, pfeffern und den Knoblauch

▼ *Paella*

darüberpressen. Die pürierten Tomaten und 1/2 l der Fleischbrühe dazugeben. 10 Minuten weiterköcheln.

- In einer großen Paella-Pfanne (die in den Backofen paßt) das restliche Olivenöl erhitzen. Den Reis kurz anrösten. Safran in etwas heißer Brühe auflösen und mit der restlichen Brühe zum Reis geben, gründlich verrühren. Das Paella-Ragout, Erbsen, geschälte Gambas und Muscheln hinzufügen.
- Die Paella in den auf 200 °C vorgeheizten Backofen schieben und etwa 15 Minuten backen. Nach 5 Minuten die ungeschälten Gambas daraufgeben.

Fisch mit Paprika und Oliven

Für dieses Fischgericht eignen sich alle mageren weißen Fische wie Dorsch, Heilbutt, Steinbutt oder Seebarsch.

Zutaten für 4 Personen:

1/4 Tasse Olivenöl
1/2 TL Salz
1/4 TL schwarzer Pfeffer
1/2 grüne Paprikaschote
1/2 rote Paprikaschote
1 EL fein gehackter Knoblauch
1 EL fein geschnittene Zitronenschale
375 g Tomaten
1 EL Zitronensaft
1 TL Kapern
10 schwarze Oliven
4 Fischfilets (jeweils 150 g)
gekochter Reis
Petersilie
Basilikum

- Das Olivenöl zusammen mit dem Salz und Pfeffer für 1 Minute stark erhitzen. Paprika würfeln, hinzufügen und 1–2 Minuten unter Rühren anbraten. Knoblauch und Zitronenschale dazugeben und 1 Minute braten.
- Tomaten schälen, kleinhacken und mit Zitronensaft und Kapern in die Pfanne geben. 2–3 Minuten kochen.
- Oliven entkernen, halbieren und hinzufügen. 1 Minute unter Rühren kochen.
- Hitze reduzieren, die Fischstücke in die Sauce geben. Der Fisch sollte mit Sauce und Gemüse bedeckt sein.
- Die Bratpfanne bedecken und den Fisch für 6–7 Minuten kochen, dann vom Herd nehmen und zugedeckt weitere 5 Minuten ziehen lassen.
- Das Fischgericht und den Reis auf einem Teller anrichten, mit den gehackten Kräutern bestreuen.

Wichtig ist, den Fisch nicht zu lange zu garen. Wenn die Fischfilets dünner als 2,5 cm sind, sollte die Kochzeit unbedingt um 1–2 Minuten verkürzt werden.

Fisch mit Kapern und Oliven

Viele Fischarten eignen sich für diese Rezept: Thunfisch, Schwertfisch, Lachs, Seebarsch, Zackenbarsch, Seeteufel, Schellfisch, Goldmakrele, Dorsch oder Heilbutt.

Zutaten für 6–8 Personen:
4 TL Olivenöl
900 g Fisch, entgrätet
1 Tasse Tomatenwürfel
1/2 TL Zucker
1 TL frischer Zitronensaft
1/4 Tasse gehackte grüne Oliven
1 EL Kapern
Salz
schwarzer Pfeffer
1/2 Tasse Semmelbrösel

Wenn Sie diesem Gericht einen griechischen Hauch geben wollen, würzen Sie es zusätzlich mit 1 EL frisch gehacktem (oder 1 TL getrocknetem) Oregano.

- Den Ofen auf 200 °C vorheizen.
- Die Auflaufform (sie sollte so groß sein, daß der gesamte Fisch in einer Lage hineinpaßt) mit 1 TL Olivenöl ausstreichen und den Fisch hineinlegen.
- Tomaten mit Zucker und Zitronensaft in einer Schüssel mischen. Oliven und Kapern dazugeben und erneut mischen, mit Salz und Pfeffer abschmecken.
- Tomatensauce über den Fisch geben, Semmelbrösel darüber streuen und mit dem restlichen Olivenöl beträufeln. 35–40 Minuten im Ofen backen, bis der Fisch gar ist. Die Sauce sollte oben gebräunt sein.

Marinierter Lachs

Zutaten für 4 Personen:
500 g Lachsfilet
Salz
3 weiße Zwiebeln
100 ml Wasser
100 ml Weinessig
10 Pfefferkörner
4 Gewürznelken
2 Lorbeerblätter
1 EL Zucker
4 EL natives Olivenöl
einige Oliven
Zitronenscheiben

- Lachsfilet in Stücke schneiden, leicht salzen und 15 Minuten ziehen lassen. Zwiebeln schälen und in Ringe schneiden.
- Wasser, Essig, Gewürze und Zwiebeln 5 Minuten kochen, dann heiß über den Lachs gießen. Wenn der

Sud abgekühlt ist, das Olivenöl darüber geben. Den Fisch über Nacht im Kühlschrank marinieren.

- Am nächsten Tag den Sud erneut aufkochen und wiederum über den Fisch geben – für eine weitere Nacht marinieren.
- Den Lachs aus der Marinade nehmen, gründlich abtropfen lassen und mit Oliven und Zitronenscheiben garnieren.

◀ *Marinierter Lachs*

Gegrillte Meerbrassen

Statt der Zucchini passen auch sehr gut gebratene Auberginenscheiben.

Ein Fischgericht aus dem Mittelmeerraum, das Sie beliebig abwandeln können.

Zutaten für 4 Personen:
400 g Kartoffeln
3 Knoblauchzehen
2 TL Essig
ca. 5 EL Olivenöl
Salz, Pfeffer
4 Meerbrassen
2 Rosmarinzweige
2 Zucchini
2 Thymianzweige
1 Zitrone

- Kartoffeln in etwas Salzwasser garen, anschließend pürieren. Knoblauch fein hacken und mit Essig und 2 EL Olivenöl unter das Kartoffelpüree mischen. Das Püree mit Salz und Pfeffer abschmecken.
- Fische waschen, trockentupfen, außen und innen etwas salzen und pfeffern. Mit etwas Olivenöl einpinseln, die Rosmarinnadeln auf dem Fisch verteilen. Die Fische etwa 5–7 Minuten grillen, dann wenden und für weitere 5 Minuten grillen.
- Zucchini in Scheiben schneiden und in 1 EL Olivenöl braten, bis sie leicht gebräunt sind. Mit Thymian bestreuen.
- Zitrone in Scheiben schneiden. Die Meerbrassen mit den Zitronenscheiben auf einer Platte anrichten. Dazu die gebratenen Zucchinischeiben und die Kartoffel-Creme reichen.

Fischsalat

Zutaten für 4 Personen:
je 100 g Lotte, Heilbutt, Kabeljau
1 mittelgroßer Tintenfisch
100 g Shrimps
4 Jakobsmuscheln
1 Fenchelknolle
2 Tomaten
1 Friséesalat

Für das Dressing:
$^1/_4$ l Weißwein
$^1/_8$ l Olivenöl
Fenchelgrün, fein gehackt
2 fein gewürfelte Schalotten
Knoblauch nach Geschmack
2 EL Fischfond
1–2 EL Weinessig
Salz, Pfeffer
Saft von $^1/_2$ Zitrone

- Fisch, Tintenfisch, Shrimps und Muscheln in der Dressingsauce garen. Die Sauce beiseite stellen.
- Fisch, Tintenfisch und Muscheln in gabelgerechte Stücke teilen.
- Die Fenchelknolle halbieren und in feine Streifen schneiden. Die Tomaten würfeln, den Friséesalat putzen und von den groben Blattrippen lösen.
- Alle Zutaten wechselweise in eine Schüssel schichten.
- Das Dressing darüberträufeln und den Salat vorsichtig aufmischen.

Pizza

Zutaten für 2 Personen:
$1^1/_2$ Päckchen frische Hefe
1 TL Zucker
$^1/_8$ l lauwarmes Wasser
250 g Mehl
125 g Haferflocken
2 Prisen Salz
8 EL Öl

Für den Belag:
1 kleine Dose Tomaten
1 Knoblauchzehe
Pfeffer
Salz
Oregano
Basilikum
150 g Champignons
1 kleine Dose Artischockenherzen
20 grüne Oliven
175 g Pizzakäse
3 EL Olivenöl

- Hefe zerbröckeln und mit Zucker in Wasser auflösen. An einen warmen Ort stellen, bis sich Blasen bilden.
- Das Mehl, die Haferflocken, das Salz, die aufgelöste Hefe und das Öl in eine Schüssel geben und einen geschmeidigen Teig kneten. 30 Minuten zugedeckt ruhen lassen.
- Für den Belag die Tomaten abtropfen lassen, hacken und mit der zerkleinerten Knoblauchzehe, Pfeffer, Salz und Gewürzen abschmecken. Champignons in Scheiben schneiden, Artischockenherzen und Oliven halbieren, den Käse grob würfeln.
- Teig halbieren und auf einem gefetteten Backblech zwei Fladen (Durchmesser etwa 23 cm) ausrollen.
- Die Tomatenmischung auf die Böden streichen, Artischockenherzen, Champignonscheiben, Oliven und Käsewürfel darauf verteilen. Olivenöl darüberträufeln.
- Bei 250 °C auf unterer Schiene 20–25 Minuten backen.

▶ *Pizza mit Oliven, Tomaten, und Champignons*

Aromatisieren von Olivenöl

Material: Olivenöl
Frische Kräuter und Gewürze nach Belieben
Verschließbares Glasgefäß
Sieb oder Mulltuch
Trichter
Glasflasche mit Verschluß

Im Handel werden viele verschiedene aromatisierte Olivenöle angeboten, die aber sehr teuer sind. Wenn man sie selbst aromatisiert, kosten diese Köstlichkeiten dagegen nur ein Bruchteildavon – und die Herstellung ist obendrein denkbar einfach: Die Kräuter oder Gewürze werden in eine Flasche gegeben, die mit Olivenöl aufgefüllt wird. An einem sonnigen Platz läßt man das Öl für mindestens zwei Wochen aromatisieren, wobei man das Glasgefäß täglich schüttelt. Anschließend wird das Öl gesiebt und in eine frische Flasche umgefüllt, in die man einige frische Kräuter und Gewürze gibt.

Alle Gefäße und Verschlüsse müssen völlig sauber sein, bevor sie verwendet werden. Als Verschlüsse eignen sich Materialien wie Kork oder Glas. Aromatisiertes Öl hält sich meherer Monate, es sollte jedoch kühl und dunkel gelagert werden.

Thymian-Kräuteröl

Zutaten:
3 Knoblauchzehen
6 Zweige Thymian
200 ml Olivenöl

- Die Knoblauchzehen schälen und zusammen mit den Thymianzweigen in ein verschließbares Glasgefäß geben.
- Das Olivenöl bis knapp unter den Rand des Gefäßes aufgießen.
- Das Gefäß gut verschließen und weiter wie oben beschrieben verfahren.

Olivenöl mit Oregano und Basilikum

Zutaten:
1 kleine Zwiebel
4 Zweige Oregano
4 Zweige Basilikum
200 ml Olivenöl

- Zwiebel schälen und zusammen mit den Oreganozweigen und Basilikumblättern in ein verschließbares Glasgefäß geben.
- Das Olivenöl aufgießen.
- Das Gefäß gut verschließen und weiter wie oben beschrieben verfahren.

Olivenöl mit Dill und schwarzem Pfeffer

Zutaten:
8 Zweige Dill
1/2 TL schwarze Pfefferkörner
200 ml Olivenöl

- Dillzweige und Pfefferkörner in ein Glasgefäß geben und mit Olivenöl auffüllen.
- Das Gefäß gut verschließen und wie oben beschrieben aromatisieren.

Zitronen-Olivenöl

Zutaten:
1 unbehandelte Zitrone
1 EL grobes Salz zum Marinieren
200 ml Olivenöl

- Die Zitrone waschen, in Scheiben schneiden und die Kerne entfernen. Die Zitronenscheiben auf einen flachen Teller legen und einsalzen. Mit einem Tuch zudecken und 24 Stunden ziehen lassen.
- Anschließend die Zitronenscheiben mit Wasser abspülen, gut abtropfen lassen und mit einem Küchenpapier trockentupfen. Die Scheiben in ein Glasgefäß geben und mit Olivenöl auffüllen. Das Gefäß gut verschließen und wie oben beschrieben verfahren.

Die eingelegten Zitronen sind eine leckere Beilage zu Fleisch- und Fischgerichten. Sie passen auch sehr gut zu Salaten oder Gemüse.

Rosmarin-Lorbeer-Öl

Zutaten:
3 Zweige frischer Rosmarin
4 Lorbeerblätter
200 ml Olivenöl

- Die Rosmarinzweige und die Lorbeerblätter in ein Glasgefäß geben.
- Das Olivenöl bis knapp unter den Rand aufgießen und das Gefäß gut verschließen. Dann wie oben beschrieben fortfahren.

◀ ***Aromatisierte Öle (von links nach rechts): Thymian-Knoblauch-Öl, Olivenöl mit Dill, Olivenöl mit Oregano und Basilikum, Rosmarin-Lorbeer-Öl***

Register